中國典籍日本注釋叢書

五經卷

7

書經插解

[日]林羅山　等撰

張培華　編

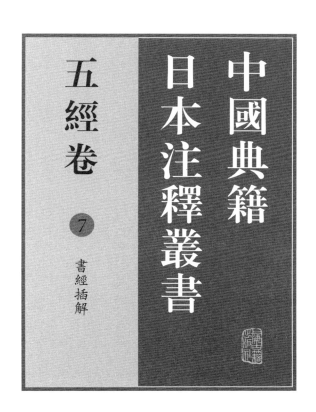

目録

書經插解 ［日］河田迴齋 撰

書經插解

[日]河田迪齋　撰

書經插解

上

弘化丙午季春刻成

書臿解

成章館藏版

書插解序

家塾長河田興嘗入我先子之門。積學有年。屬者以書插解一帙來質。余受讀之不勝喜躍。曰。子始獲我

心矣。方今操觚士子，每馳驅藝苑，品評古今，衒才逞伎，炫燿自鬻，而至於說經，則茫乎罔所自得焉。或其所說不失於支離蔓延，則

又墮乎談空覈伭。猶在雲霧荊棘中而不自知也。其何以有所資益於後學乎哉。是編恪守蔡傳。又取舍於瑤泉講義。一經之旨。明白通暢。可以備課蒙之用。乃俾讀蔡傳者先以是編爲指南。則一目了然。披雲霧而覩天日。何其明且快也。噫嘻。其用意之深且篤。

始與夫操觚士子所爲異其撰。乃是編之功。雖曰不在瑤泉之下可也。及剞劂成。索余題言。於是乎書。

弘化三年季春月

書經插解

培齋林魼撰文

書經插解序

欲有爲於天下國家而不以二帝三王爲準者。我未知其可也。以黃老無爲治焉。非不治也。而其流至於泯綱常矣。以霸術功利治焉。非不治也。而其流至於肆譎詐矣。以刑名刻薄治焉。非不治也。而其流至於喪衆心矣。泯經常。肆謠詐。喪衆心、而能保其治者鮮矣。是其所以不可不以二帝三王為準也。而欲知二帝三王之心與治者。舍尚書而何也。尚書之所載雖其大經大法未全備。然其心德之純。

治化之隆。粲然備於典謨訓誥之間。則亦足以爲準矣。且其治化之隆因心德之純。心德之純。則原於性命而性命之理。古今未嘗不一也。由其一者以求之。豈容不得乎哉。堯之協和。即欽明文思之德也。舜之咸熙。即溫恭允塞之德也。禹湯文武之成法天下。而垂裕後昆者皆無非純德之光耀精華也。由其文義以求其德化。則萬載之下。絕域之境。尚足以想見其禮樂政刑陶甄涵煦之休矣。於是乎尚書之有功於宇内。不亦大乎。歟憾其文簡識。所謂詰屈聱牙者多矣。九峰之傳。雖詳悉無遺。然譾劣如余者。尚困於難通其義也。況敢望知其心與治耶。余受學於屏潊河田先生。一日話及尚書。余舉其所疑者叩之。先生乃出其所嘗述之一帙見示。表曰書經插解。受而讀之。其體例插入數字數句於經文字間。連讀順下。語伸意達。迂餘委曲。自然抑揚。使夫簡濫難讀者。通暢易誦。譬如崎嶇險艱之路。省力者削其高。而填其低。使之坦然平夷易行步也。何其快也。是故欲知二帝三王之心與治而準之者。莫先於由尚書。欲由尚書者。莫先於得文義。而欲得文義者。以九峰之傳為本。助以此編。參互錯綜。反覆推明。則其殆庶幾歟。於是。遂通先生。捐資命鏤。弃梓於成童館。剞劂告成。繫之於卷端。

弘化二年歲次乙巳初冬中澣

五島兵部源朝臣盛貫撰

澤田哲書

書集傳序

慶元己未冬先生文公令沈作書集傳明年先生歿又十年始克成編總若干萬言嗚呼書豈易言哉二帝三王治天下之大經大法皆載此書而淺見薄識豈足以盡發蘊奥且生於數千載之下而欲講明於數千載之前亦已難矣然二帝三王之治本於道二帝三王之道本於心得其心則道與治固可得而言矣何者精一執中堯舜禹相授之心法也建中建極商湯周武相傳之心法也曰德曰仁曰敬曰誠言雖殊而理則一無非所以明此心之妙也至於言天則

嚴其心之所自出言民則謹其心之所由施禮樂教化心之發也典章文物心之著也家齊國治而天下平心之推也心之德其盛矣乎二帝三王存此心者也夏桀商受亾此心者也太甲成王困而存此心者也存則治亾則亂治亂之分顧其心之存不存如何耳後世人主有志於二帝三王之治不可不求其道有志於二帝三王之道不可不求其心求心之要舍是書何以哉沈自受讀以來沈潛其義參攷衆說融會貫通迺敢折衷微辭奧旨多述舊聞二典禹謨先生葢嘗是正手澤尚新嗚呼惜哉集傳本先生所命

故凡引用師說。不復識別。四代之書。分為六卷。文以時異。治以道同。聖人之心。見於書。猶化工之妙著於物。非精深不能識也。是傳也。於堯舜禹湯文武周公之心。雖未必能造其微。於堯舜禹湯文武周公之書。因是訓詁。亦可得其指意之大略矣。嘉定己巳三月既望。武夷蔡沈序。

書經插解發凡

一蔡九峰書集傳受指授於朱文公較之諸家爲優矣今僭爲插解亦一遵守蔡傳秪欲自貲肄業匪婉獨得問世之撰。

一經間或插數字或插數句務要通讀順下義理易見訓詁字義音註不可插入者另記其旁亦悉沿蔡氏。

一申瑤泉講義依遵蔡傳俚語頗繁今就摘用之旋加斟酌槪從簡省耳至於說間有與蔡氏相左者則皆据蔡氏改正之

一　玆編固雖云自資而又欲兼便於冲卝俾之一讀通了大意耳如天文地理暨制度器物之說就各書講求之可也今不詳及

天保七年龍集丙申嘉平月朔屏潄河田興識

書經插解目録

書經插解

周書

卷八

書經插解卷一

讃岐　河田興猶興　述

虞書

堯典

史臣記。曰若（發語詞）稽古帝堯。其德如是。曰。堯之爲君。有無所不放（至）之勳（許云反。功）業矣。所以有此勳業者。以其有盛德爲之本耳。論其德性。則欽（恭）敬而通明。文章著見而思慮深遠。此四德又皆出於自然。安而又安。不待勉强。故其所行。允（信）恭敬而克（能）謙讓。無一毫虛僞矣。其德

之盛如此。故其光輝之發見於外者。極其顯著被及

於四海之表格至于上天下地之間。放勳之所極如

外

此矣。然其及於人者。必本諸身自邇而始。蓋堯既克

自明其俊大之德以是推施而親愛其九等親族則

九等親族皆既親愛和睦家以齊矣。遂又推之以平

均章明其畿內百姓則畿內百姓靡然化之。亦各自

昭明其德國以治矣。變又推之以協同和合萬邦諸

黑首　（音烏）嘆詞　是

侯之民則萬邦黎民於乎變化舊習時惟雍和成醇

美之俗天下以平矣。凡是放勳之實也。〔繼事詞〕乃命達天文者羲氏和氏爲曆官欽〔敬〕若〔順〕昊〔下老反廣大〕天自然之理把紀數之曆書與觀天之象器以推驗日月星辰之度數位次莫有分毫差錯然後新造爲一曆書敬以頒行授與農人播種耕穫之時節矣。造曆既成又命四人頒布。且考驗之恐推步之或差也因分職命羲仲專管春時遣往宅〔居〕於嵎〔音隅〕夷東表之地官次之名曰暘〔音陽〕谷方春分之朝寅〔敬〕賓接初出之日記日影之尺寸平均秩序

東春所當作起之事晝日長短適中初昏中星爲鳥
宿以是定殷於仲春不令有差忒厥民之聚於隩者
至是則分析散處鳥獸乃孳乳尾接以驗其氣之和
又申命其弟羲叔專管夏時遣往宅於南方交阯之
地官次之名曰明都平均秩序南夏所當訛變之事
方夏至之日中敬伺日影以致其極晝日晷度極永
初昏中星爲大火宿以是定正於仲夏不令有差忒
厥民之已散處者至是則因以愈散處鳥獸乃毛希

而革易以驗其氣之熱。一分職命和仲專管秋時遣往宅（居）於西極之地。官次之名曰昧谷。方秋分之夕寅（敬）餞送將納之日。記日影之尺寸。平均秋序西秋所當成就之事。宵（夜）刻長短適中。初昏中星爲虛宿。以是定殷（中）於仲秋。不令有差忒。厥民之苦於熱者。至是則氣體平夷。鳥獸乃毛更生。而毨（蘇典反潤澤鮮好）。以驗其氣之凉。一又申（重）命其弟和叔專管冬時遣往宅（居）於朔方北荒之地。官次之名曰幽都。平均在察朔冬所當改易之事。方冬至之日中。敬伺日影以致其極。晝日晷度極短。初昏中星爲昴宿。以是定正於仲冬。不令有差忒。厥民之散處者。至是則聚於隩(於到反)鳥獸乃生氄(而隴反)(耎毳細毛)毛。以自溫以驗其氣之寒。帝曰咨嗟汝羲氏暨(及)和氏。夫天運一朞(居其反)(猶周)之概數。得三百有六旬有六日。合氣盈朔虛而閏生。以閏月定四時。無失氣候。以成就歲功。以此允(信)釐治百工(官)。而庶事功績咸(皆)以熙廣也。帝於是欲得賢者而用之。乃問衆曰。疇(誰)爲我咨(訪)問能若(順)時爲治之人而登庸(用)之乎。

其臣放齊(甫兩反)曰胤(羊進反嗣)子丹朱。其性啓開明哲。可登庸也。帝意不然之(數其不然之辭)曰吁。否也。彼丹朱嚚(魚巾反)傲好争訟。豈其可乎哉。帝又曰疇(誰)爲我咨(訪)問能若(順)予采事之職者而登庸之乎。其臣驩(呼官反)兜(當侯反)曰都(歎美辭)共(音恭)工氏方且鳩聚事務而僝(仕限反)見其功績。斯人其可也。帝意不然之曰吁。否也。彼共工靜而無事則能言可聽。至庸(用)而試之則與其所言背違。且象貌徒矯作恭敬。而中心傲狠。實滔(徒刀反)慢天道。豈其可乎哉。帝又曰咨(訪)問四岳大臣。湯湯(音傷 盛貌)然洪(戸工反 大)水横流方今爲割害太甚。其勢蕩蕩(廣貌)然懷包山岳四面襄駕丘陵之上。浩浩(胡老反大貌)然若滔漫天際然。今此下民不得安居粒食。其皆困苦咨嗟。汝諸臣中有能除方割之患。免下民之咨者。我且命俾(使)其乂治之。果誰乎。於是四岳與其所領諸侯。僉(衆共詞)同辭而對曰。於(歎美)。鯀能任治水者。其惟崇伯鯀(古本反)哉。帝意不然之曰。吁咈(符勿反甚不然)哉。彼鯀之爲人。悻戾自用。方(逆)違上命。又與衆不和。圮(部鄙反)敗族類。豈其可乎哉。四岳惜鯀之所長。又强擧之曰。异(音異已廢而復興)哉。今歷觀廷

臣實未有能於鯀者。請姑試用其才，可以治水乃已，
當不必求其備也。帝不得已而用之，因戒之曰，汝往
治水。庶其欽敬之哉。鯀既受命往治水。此後歷九載
其績（功）用弗成就也。帝齡已老。丹朱不肖。故意欲以
天下與賢。而未得其人。乃言曰。咨問四岳朕在帝位
七十載。年力衰倦。不勝煩勞。汝四岳能庸（用）我之命令。
勤於職事。我其可巽（遜）汝以朕帝位乎。四岳曰。帝位至
重。惟有德者可以當之。吾儕否（不通）德不足以稱焉。恐忝

辟帝位。帝乃曰、然則汝可爲我旁求有德之人、近之

明。薦其已在明顯者、遠之揚擢其猶在側陋者。惟德（微賤）

是擧。貴賤不必拘也。於是四岳及在廷師衆同辭以

對、錫與於帝曰。有鰥夫在側陋下位者。呼曰虞舜。其（故頑及無妻）

德可以居帝位。帝即應而然之曰。兪。予亦嘗聞之。但（應許詞）

未知其詳。如何。四岳對曰。虞舜是瞽者之子。其父則

頑。愚而心不則德義之經。其繼母則嚚。傲而口不道

忠信之言。繼母所生之弟名象。又傲慢不恭。舜遭此

人倫之變。乃克諧和之。以孝道積誠感動。使此三人都烝烝以善自乂。不格於大爲姦惡。其非盛德。豈能如此乎。帝曰。舜之處父母兄弟者。固足以見其德矣。我其又試驗之以內治哉。我且以女女于時觀厥施法則于二女。乃釐治裝具。降下其二女于嬀水之汭。俾爲嬪婦于虞氏之家。帝戒二女曰。汝等其可欽敬哉。善盡婦道。勿生驕慢也。後遂以天下讓於虞舜。故以此終之。又以啓舜典之始。

舜典

史臣記曰若(發語詞)稽考古昔帝舜其德如是曰帝堯既有光華而舜又重有光華可協合于帝堯矣因言其目則濬(音浚)深而睿哲文理而光明溫和而恭敬允信而塞實有此四者幽潛玄遠之德升聞達於帝堯堯乃命之以職位初使其爲司徒之官舜則小心敬慎以徽(美)其五典(常)由是父子有親君臣有義夫婦長幼朋友有別與序與信人人於五典(常)皆克順從無違教者矣又

使其納于百揆之官。統領庶務。舜則措置適宜。由
度
是禮樂刑政。紀綱法度。凡百所揆度之事。皆以時而
次敘。無廢弛者矣。又使其兼四岳之官。賓禮于四方
之門。舜則以禮感化。由是四門來朝之諸侯。穆穆然
雍容和順。無乖戾者矣。方洪水爲災。堯又使舜納于
山足
山林大麓之中。以相視高下。適遇烈風雷雨非常之
變。舜則神色自若。初不驚懼迷錯。其度量有大過人
來
者矣。於是帝堯乃呼而命之曰。格汝舜乎。於前日登

庸之初。我嘗詢汝以司徒百揆四岳事、以考其數奏
謀
之言、則見乃所言皆底可有功績。隨用隨效。於今已
汝 致
有三載之久矣。汝之德眞可以付託天下。今汝當代
升
我陟於帝位可也。舜猶以己德有愧、欲遜讓于有德
之人。弗敢承嗣帝位焉。雖然堯之命又不可終辭。於
朔
是但受攝位之命。權管國事、乃以正月上日受帝位
之終于文祖之廟。舜攝位之初、未遑他務、首整頓觀
音旋 美珠璣 横
天之器、乃在察璿璣之環。玉衡之管、以齊日月五星

猶人君有政事

之七政。將以法天行。理人事。以成天下之務焉。肆類

遂 祭名

祭于昊天上帝。禋祭于六禜所尊宗者。望祭于名山

音因祭名　時寒暑日月星水旱凡六　祭名

大川五嶽四瀆之屬。周偏于丘陵墳衍。及古昔聖賢

羣神。皆告以攝位之事也。又輯斂五等諸侯所執之

信

瑞玉。合符於天子。以驗其眞僞。而邦國遠近不同。來

盡

有先後。故至既正月。乃日日覲見四岳之諸侯。九州

之羣牧。盍以少接之。則得盡其詢察禮意耳。既見之

信

後。班還其瑞玉于羣后侯牧。所以與天下正始。以示

更新之意也。諸侯來朝已畢。當巡守(收救反)之歲二月。則先往東方巡守。至于東岳岱宗之下。燔柴以祭天。望秩(遂)以祀于東方名山大川。告至之禮舉矣。肆就此地覲見東方后侯。協合時之早晚。與月之大小。改正日之甲乙。又齊同律之清濁。及度之長短。量之大小。衡之輕重。又脩明五禮(吉凶軍賓嘉)。各有隆殺之殊。使其無廢墜焉。來朝之諸侯。皆執五玉(五瑞)三帛(纁玄黃)二生(羔鴈)一死(雉)爲贄。乃如(同)五禮之器。倘有不同者。就改正之。務使同遵朝廷之制度。

不許彼此異制也。數事皆卒[畢]乃將復而一周。五月往

南方巡守。至于南岳衡山之下。朝見南方諸侯。其事

都如岱宗之禮。八月往西方巡守。至于西岳華山之

下。亦如初時所行之禮。十有一月往朔方巡守。至于

北岳恒山之下。亦如西方之禮。巡守既畢。於是歸京

師。親格[至]于藝祖之廟。用特牛祭祀。以巡守事完告之。

舜既舉行朝覲巡守之禮。遂立爲定制。每五載之間。

天子以一年巡守。徧到四岳。與諸侯相見。羣后以四

書經插解　卷一

年次第來朝而當來朝之時使其各敷陳奏[進]聞於上
以言其在國所行之政事猶恐其所言雖是而所行
或不盡然又明白試驗以察其治國之功績若眞能
脩舉職業則賜路車章服以旌異其功庸[民功]矣遂經理
天下乃肇[始]分十有二州以均土地之廣狹封表十有
二山以爲各州之山鎭又濬[深]導十有二州之川不使
有壅塞此時雖洪水已平而猶預防之也其維持天
下之法如天之垂象揭示以典常之刑使人曉然皆

觀不敢冒犯此所以待罪之重者也雖犯在五刑而其情可矜法可疑者則流放遠方以寬宥五刑（音又 墨劓剕宮大辟）之罪此重中有輕者也五刑之外又以皮造鞭用作官府之刑夏楚二物名爲扑（普卜反）用作學教之刑此所以待罪之輕者也其或罪在可議例難加刑者則許以黃金作贖（神燭反）以免其刑此又輕中極輕者也是五者各有條理刑法之正也又犯罪或出於過誤之眚或罹乎不幸之災如此者則又不待流宥金贖而直肆赦之若

夫怙(音户)恃勢力。敢于作惡。或屢犯法度。至終(謂再犯)而不改。如
此者則依律治罪。或賊殺。或肉刑。不復許流宥金贖。
此二者。是用法之權衡也。夫舜之制刑輕重取舍。條
款悉備如此。而一原諸好生之德。故其用刑之時。欽(敬)
哉欽哉。惟刑之恤哉。是其仁心如此。豈有刑罰不中
者乎。然有罪之人。亦不容不誅也。乃流遣共工于北
裔之幽洲。放置驩兜于南裔之崇山。竄(七亂反)(驅逐禁錮)三苗之君
于西裔之三危(地名)。囚殛崇伯鯀于東裔之羽山。此四凶

者。天下人心之所共惡。舜爲天下治四凶之罪。而天

下之人咸心悅而誠服矣。舜攝位至二十有八載。帝

才枯反 死

堯乃殂落。畿内百姓哀痛慘怛。殆如喪其考妣。至於

絶 靜 金石絲竹匏土

三載之久。舉四海人民亦不忍爲樂。自遏密八音。蓋

華木

帝堯聖德廣大。恩澤隆厚。所以人心思慕之深。至於

如此也。三年之喪既畢。其明年月正元日。舜復格于

正月 朔

文祖之廟。祭告而卽天子之位焉。於是首詢謀于四

岳大臣。以治天下之道。乃大闢開四方進賢之門。使

有德行。有才能者。皆得以彙進。終無閉塞之虞。又明四方之目。達四方之聰。以天下之耳目。爲耳目。使人人事情。都無壅遏之弊。乃咨十有二州牧伯曰。夫牧民之道。以食爲首哉。而足食之道。惟在於不違農時。民食既足。敎化可興。柔寬其在遠方者。而撫之。能擾其在邇處者。而習之。惇厚其有德行者。允信其有元仁者。而難拒包任凶惡之人。凡此五者。處之各得其宜。則不但中國順治。雖蠻夷之國。亦相率而服從矣。

帝舜曰咨訪四岳夫天下乃帝堯之天下也爾在朝

之臣有能奮起功庸以熙廣帝堯之載（事）者我將使居

宅百揆之位以明亮采事惠順疇類此輔弼重任不

知何人可以當之乎四岳及所領諸侯僉（皆）曰今有伯

禹見作司空之官可宅百揆帝舜然其舉曰俞咨伯

禹汝爲司空能平水土今命汝仍以舊官兼行百揆

之事惟時（是）懋（勉）哉禹聞此命不敢自任乃下拜稽首（首至地）推

讓于稷契（音世）暨（及）皐陶（音遙）帝舜亦然之曰俞雖然汝功冠羣

臣自空首用汝其往就此職哉帝舜因禹之讓乃申命曰棄乎洪水初平之後地利未能盡與天下黎民有阻阨於饑餓者今命汝仍爲后（君）稷之職任養民之事當播（布）種時（是）百穀使人人都得飽食矣帝舜因禹之讓又申命曰契乎今天下百姓多不相親愛五倫之（父子君臣夫婦長幼朋友）品節多不遜順我甚憂之今命汝仍作司徒之官任教民之事汝必用心敬謹以宣敷五品之教使人知所遵守而又必常在於從容寬裕以待民之漸化不

可過於急迫也。帝舜因禹之讓。又申命曰。皐陶乎。如今蠻夷猾亂華夏。華夏之人乘機作惡。有為寇（劫人）為賊（殺人）者。有為姦（在外）為宄（音軌。在内）者。其為生民之害多矣。今命汝仍作士（理官）師之官。凡罪不可宥者。當治以五等之刑。使其有上下服其罪。夫刑雖有五。而服則有三等之可就。惟死刑棄之於市。宮刑則下蠶室。餘刑亦就屛處。不使誤而至死也。更制五等流刑。有以宅之。夫流雖有五。而宅則有三等之可居。惟大罪投諸四裔。次則九州之外。次則千里之外。各有遠近不同。汝之用刑。惟當致其明察。凡輕重遠近之間。無有少差錯。乃克（能）使刑當其罪。而人無不允（信）服也。帝舜問廷臣曰。疇（誰）能若順整治予百工之事者。我將任用之。羣臣僉（皆）曰。惟垂可當此任哉。帝舜曰。兪。咨告垂。汝當爲共工之官。順治百工。垂聞命下拜稽首（首至地）。推讓于殳斨暨（音朱千羊反及）伯與（音餘）。帝舜曰。兪。雖然共工之任。非汝不足以當之。其往任此職哉。惟汝諧和百工之事可也。帝舜又問廷臣曰。疇（誰）能若順于上下山林澤藪草木鳥獸撙節而愛養之以遂皆其生者我將任用之羣臣僉曰惟伯益可當此任哉我帝舜曰俞咨告伯益汝當作朕虞人之官以掌此山澤伯益聞命下拜稽首推讓于朱虎熊羆（回弓反 班靡反）帝舜曰俞雖然虞人之事惟汝能其往任此職哉惟汝諧和其事可也帝舜曰咨訪四岳誰有能典朕三禮（主我天神地祇人鬼）者我將任用之四岳與羣臣僉曰惟伯夷可當此任帝舜曰俞咨告伯夷汝當作我秩（敘）宗之官其必須夙（早）夜惟

致其寅敬。不可少有怠忽。又使胷次常存正直哉惟如此。則其心潔清無物欲之汙耳。伯夷聞命。下拜稽首推讓于夔（音逵）龍。帝舜曰。俞。雖然典禮重任。非汝不足以當之。汝其往任此職。致其欽敬哉。帝舜因伯夷之讓。乃曰夔乎。命汝作典樂之官。當把樂講習以教訓諸胄（直又反長）子。夫人性不免於過不及之偏。故欲正直而溫和。欲寬裕而莊栗。欲剛毅而無暴虐。欲簡易而無傲慢。蓋其養德性。變氣質。如此者。其教專在於樂。夫樂

之起生於人心故詩章以言其心志歌咏以永其言

語五聲（宮商角徵羽）依其永而出又必以律呂調和五聲八音誠

克諧和翕如皦如各無相奪其倫理則郊廟之神朝

廷之人其盡以和樂矣夔嘗謂曰於（歎美詞）予擊（重擊）石拊（輕擊）石

以奏韶樂則百獸相率而來舞焉韶樂之妙其如是

之至矣帝舜因伯夷之讓乃曰龍朕（我）最惡（我力反）彼小

人造為讒間之說顛倒邪正以殄絶善人君子所行

之事而震驚朕（我）衆師之聽聞也故今命汝作納言之

官。汝夙夜出納朕之命。令必須審之。惟致其允信。則邪僻者無自進。而讒說不得行矣。帝舜既分命諸臣。各任其職。乃曰咨嗟。汝等四岳九官十二牧共二十有二人。職任雖不同。然所理者。都是上天之事也。汝等欽哉惟時。當勤修其職業。以亮上天化育之事功也。於是立考課黜陟之法。令百官三載任滿。即稽考其功績之有無。以驗其職事之勤惰。三年一考。六年再考。至九年而三考。然後通考其在任事績。大行賞罰黜（丑律反）陟其幽暗者。與賢明者。則衆庶功績咸（皆）熙廣矣。

又分北（猶背）三苗之不善者而去之。其善者則擇而留之。

無復如向日負固援化者也。此其用人成治之效如

此。帝舜生三十年。堯方徵（知陵反召）庸之。歷試三年。居攝二十

八年。通三十年。乃在帝位。又五十載陟方（猶言升遐）乃死。計其

壽凡百有十歲。此帝舜之始終也。

大禹謨

史臣記曰若（發語詞）稽古昔大禹。其德如是。曰禹爲舜臣。

治水成功其文德教命既已東漸西被南暨北及敷布于四海之内於是陳其謨謀議論以祗承于帝舜之心其言曰后而克知艱厥爲后之道臣而克知艱厥爲臣之職夙夜祗懼各務盡其所當爲者則朝廷政事乃能修乂而無邪慝天下黎民自然觀感敏化於德而有不容已者矣帝舜曰俞允能若兹而上下交脩則聞見博而壅蔽通凡嘉謀之言可以補益治道者皆得自獻於上而罔攸隱伏於下四門闢而羣

賢進。凡原野之間。無所遺棄之賢才。雖萬邦之廣。其民咸安寧樂業。而無不得其所矣。然此豈易致哉。必須稽考于衆。旁求博采。其言有善。即舍（音捨）己以從人。無一毫繫吝。夫然後人樂告以善。而嘉言罔伏也。又必廣詢民瘼。周恤保愛。不虐害鰥寡孤獨無所告訴者。夫然後德澤遠被。而萬邦咸寧也。又必博求賢哲。推舉拔用。不廢棄困苦貧窮也。然此惟帝堯時克之。非常人所及也。伯益又從而稱贊之曰。都美哉帝堯之德廣大而無外。且運行而不息。故變化之妙。有不可以一端形容者。自其德出于自然。乃謂之聖。自其聖而莫能測。乃謂之神。自其剛毅能斷者言之。乃何其武也。自其英華宣著者言之。乃何其文也。其德之盛如此。是以皇天眷顧而佑命之。使其奄有四海之內。尺地莫非其有。爲天下之君。一民莫非其臣焉。如此。則所謂克艱厥后者。信乎爲堯之能事也。禹曰。凡人行事。若能惠順迪理而行。則天必降之以吉慶。若或隨從悖逆而行。則天必降之以凶禍。惟如影之隨形。響之應聲。斷乎其不差謬矣。伯益曰吁。難哉。天位至重。帝其戒之哉。如今四方雖是大平無事。然亂每生於治。故當常儆戒於無虞之時也。然其所當儆戒者何事。蓋升平日久。綱紀易至乎廢弛。必須脩明振舉。使人知所遵守罔失法度。人情易流於逸樂。必須愈加勤勵罔遊于安逸。罔淫于宴樂。信任賢人君子。勿以小人貳而間之。屏去憸邪小人。勿不能果斷而疑。心或有疑惑未安之謀，爲勿苟且成就。凡百志慮。必須惟緝熙光明也。至於刑賞予奪，都有公正道理。罔違背正道屈法徇情以干百姓之稱譽。凡人好惡從違。有本然公心。罔咈（符勿反逆）違天下百姓公心。而任情好惡。以從一己之私欲。帝於是八者朝夕戒懼。內無怠於心。外無荒於事。則治道益隆。不但中國之民服從而已。雖四夷之遠。亦莫不聞風向化。稽首而來王矣。儆戒無虞。其效如此。大禹曰。於（嘆美詞）乎。伯益所陳之言。於君德洽道。甚有裨益。帝當留神思念之哉。夫德非徒善而已。惟當有以善其政。政非徒法而已。在乎養其民。然養民之政何如。彼水火金木土穀六者。都是天地自然之利。民生日用不可缺者。但其或相制以洩其過。或相助以補其不足。惟使六者無不修。則民生始遂矣。然不可逸居而無教。於是導之明倫理。脩禮義。以正其德。勸之作什器。通貨財。以利其用。又督之勤生業。節用度。以厚其生。此三者一一爲之區畫。惟使之無不和。夫合六與三爲九功。各順其理。惟敘而不亂。九功已敘。則惟民皆利其利而樂其樂。莫不形之於歌詠之間矣。然始勤終怠者。人情之常。故當有以激勵之也。其勤於是者。則戒喻之用休美之。其怠於是者。則董責之用懲威之。然又事之出於勉强者。不能久。故復勸相之以前日九功之歌。協之律呂。播之聲音。俾其歡欣鼓舞。不能自已。而前日成功得以久存而勿至廢壞。則養民之政。曲成而不遺矣。凡此皆保治之道。帝之所當深念也。帝舜曰。兪。禹汝言是也。往時洪水爲災。天地失職。萬民不得其所。今地旣皆平治。天亦得以成遂其生物之功。於是水火金木土穀六府（財用所自出）相資爲用。正德利用厚生三事。各當其理。皆允莫不修治而養民之政成矣。不但今日之民蒙被其利。雖萬世將永賴之。時乃（是汝）治水經理之功績非他人所能與也。帝舜欲使禹攝位。乃呼而命之曰格（至）。汝禹聽我之言。朕從受堯禪宅此帝位三十有三載。

過於耄(莫報反九十)而及於期(百年)。血氣已衰。倦于勤勞之事。汝惟當
勉力不怠以總率朕之衆師臣民。大禹不敢當帝舜
之命。乃讓皋陶曰。朕之德甚淺薄。固罔克勝此重任。
恐民不依歸。羣臣中惟皋陶能勇邁(莫怪反)力行以種(布)其恩
德。恩德乃降(下)及於民。黎民皆感戴而懷服之。命之攝
位。斯爲允當。帝其當思念茲皋陶之功而不忘哉。我
思念茲皋陶而不能斯須忘於懷。則我之所念畢竟
在於茲皋陶。試欲姑釋舍茲皋陶而求他賢才而終

不可得焉則我之所念亦愈在於茲皐陶我每輒名
言籍於茲口而不已者爲誰歟在於茲皐陶允誠無
僞發出於茲心而不措者爲誰歟亦唯在於茲皐陶
反覆思之終無可易惟顧帝亦能思念皐陶明刑弼
教之功使之攝帝位可也帝舜因大禹之讓遂呼皐
陶而美之曰皐陶惟茲臣民衆庶都循理守法罔或
政
有干犯予之正令者是何故蓋由汝作士師之官能
明于五等刑法輕重出入一一精當不差以輔弼五

倫之教。不至於玩弛。而不行。期望于予治之成。故當初百姓不親。五品不遜。雖不免於用刑。而實所以期于無刑之地也。故民今皆感化相親相讓。協于中道。初無有過不及之差。則刑果無所施矣。凡時（是）皆乃（汝）之功績。我之所深念也。汝於此益懋勉哉。皐陶因舜美其功。乃歸功於舜曰。民協於中。非臣之功。皆本於帝德所致。蓋帝之德。至精至粹。罔有一毫愆（過）差。臣請言之。夫帝之臨下。必以易簡。而無有煩瑣。帝之御衆。

必以寬裕而無有急促罰有罪之人惟止其身要弗
世
累及後嗣子孫賞有功之人則不止其身必與之爵
及
土以遠延于後世子孫其用刑也宥無心之過無大
而不赦刑故犯之惡無小而不罰其原情定罪或有
可重可輕在疑似之閒者惟從輕以處之其論功行
賞或有可輕可重在疑似之閒者惟從重以賞之又
有一等罪人法可以殺可以無殺帝則以爲與其枉
罪 常
殺不辜之人寧姑全之而甘失於輕縱不經此其好

生仁愛之德。流行洋溢。漸涵浸漬。洽入于民心。茲用
天下之人。無不愛慕感悅。而自不犯于有司之法度
也。豈待臣之明刑弼教。而後能成協中之治哉。帝舜
又申言以歸美於皐陶。曰。汝能俾予從所願欲。而民
不犯法。上不用刑。惇然以治（上）。則教化流行。達於四方。
如風之鼓動萬物。莫不靡然。惟皆乃（汝）之休美也。帝舜
曰。來。汝禹。昔日洚水（洚洞無涯）爲災。逆行汎濫。乃天示儆戒於
予。當此時。汝之奏言。有徵而成允（信）。汝之行事。能治而

成功。此惟汝之賢。在廷諸臣。皆不能及也。而又克孜
孜焉勤于王邦之事。克兢兢焉儉于私家之養。既有
此二美。而猶歉然不敢自有盈滿寬假之心。又惟汝
之賢。在廷諸臣。皆不能及也。然汝惟不自矜誇其能。
而其能之實。有不可掩者。天下之人。自然敬服。莫與
汝爭其能者也。汝惟不自張伐其功。而其功之實。有
不可掩者。天下之人。自然推讓。莫與汝爭其功也。予
懋汝　汝大功
因此懋乃德。而嘉乃丕績。乃知天命之歷數。歸在汝

之躬。汝後終當陟（升大君）此元后之位。以爲天下臣民之主。今日總師之命。豈可得辭哉。且夫心者。人之知覺主於中而應於外。其發於形氣之人心。易私而難公。故惟危矣。其發於義理之道心。難明而易昧。故惟微矣。惟能精以察之而不雜形氣之私。惟能一以守之而純乎義理之正。道心常爲之主。而人心聽命焉。則動靜云爲。自無過不及之差。而允（信）能執厥中矣。夫人君聽用人言。不可不慎也。無所稽考於古之言語。汝宜絶之以勿聽焉。所弗詢咨於衆之謀畫。汝宜拒之以勿庸焉。用此二者聽言處事之要也。人君至尊。人但知其可畏也。自我觀之。天下之可愛者。豈非君乎。下民至微。人皆以爲可忽也。自我觀之。天下之可畏者。豈非民乎。葢天下百姓至衆。若非有元后。則皆渙散而無主。將何所仰戴乎。此君之所以可愛也。葢元后以一身而統馭萬邦。若非有民衆。則一人孤立於上。將罔與守邦者。此民之所以可畏也。其可不欽敬之哉。

必兢兢業業。愼守乃之有位可也。蓋中道在吾心固至善之理而可願欲者也。敬修其所可願欲之理。然後人心永戴而天位常安也。苟不能然。使四海人民困苦窮極。則人心盡失天命難保。人君所受於天之祿亦永終絕而不可復矣。然惟言發於口。利害所關。或生出好事或興起戎兵。其不可苟如此。今朕命汝之言。蓋已審矣。不復再告以他說也。禹承帝舜攝位之命。懇辭不獲。乃曰。攝位大事。不可專主於人謀。今一一枚卜在廷有功之臣。惟其吉之從可也。帝舜曰。汝禹其聽之。官占卜者之法。惟先蔽定其志之所向。然後昆命之于元龜。灼而卜之。以驗其吉凶。今朕命汝攝位之志。已先定於心。無所疑惑。而詢謀於衆人。亦僉同以爲然。夫人心既無不歸屬於汝。是以鬼神其自依順。而龜筮亦已協從矣。又何用取羣臣而枚卜之乎。且占卜之法不待習重吉兆也。禹於是無可解說。但下拜稽首。懇切固辭。以示終不敢當之意。帝

舜曰。當毋(禁止)辭也。惟汝可以諧此攝位之命矣。禹終不
得辭。乃以正月朔旦受攝位之命于神宗帝堯之廟。
遂總率百官攝行庶政。與天下更始。亦若帝舜受堯
之初也。於是(是)帝舜曰。咨禹乎。方今天下薄海內外皆
已無虞。惟時有苗之君不率循我之教命。稔惡不悛。
罪不可赦。汝當躬率六師。徂(往)征其罪。禹乃受帝命。會
羣后。遂誓戒于其師曰。濟濟(和整衆盛)然爾有衆。咸來聽朕之
命。令今有蠢(尺尹反無知)爾茲有苗之君。昏昧迷惑。不知恭敬。侮

慢他人。自以爲賢。反背正道而不由。敗壞常德而不修。抱德之君子。則擯斥疏遠。使之在野。凶惡之小人。則親信任用。使之在位。用舍顛倒。政事乖謬。由是下失民心。民棄之而不保。戴上失天心。天降之以災咎。有苗之罪。爲天人所共棄如此。肆（故）予以爾衆士奉帝之辭命。以討伐有苗之罪。爾將士尚（庶幾）務一乃（汝）之心力。同以奉辭伐罪爲念。不可少有疑貳退縮也。夫如此。則其克有除暴安民之勲（功）矣。可不勉哉。乃征有苗兵

臨其國已三旬而苗民猶恃頑負險違逆命令未肯
服從當時伯益隨禹出征見師旅久勞於外乃贊（佐）助
一言于禹曰苗民之頑與其加之以威不若化之以
德蓋惟德可以感動天心雖是冲漠無朕至為高遠
而此德之昭升貫無遠而弗屆（音介至）比之用威尚力自不
同也凡盈滿者必招損傷謙虛者定受利益時乃天
道之自然則今日之事惟當謙以脩德矣昔帝舜初
在微賤之時曾耕于歷山而往于田自以不得父母

之歡心。悲怨思慕。日日號泣于旻天。又號泣于父母。（戶高反）（音民 仁覆閔下）

雖是父母不慈。然帝之心。謂父母豈有不是處。還是

我爲子之孝道未盡。皆自負以爲己罪。自引以爲己

慝。（惕德反）不敢有一毫歸咎父母。只是祗敬爲子之載（事）以見

其父瞽瞍。夔夔然莊敬齊慄。（側皆反 戰慄）愈加恭謹。不敢少懈。誠

孝感格。雖瞽瞍頑愚。亦且允若。順化而爲慈矣。然

不但人心可以誠感。益至誠（音咸 諴感物）之德。能感格鬼神矣。而

況矧茲有苗。又豈有不可以誠感者乎。禹卽拜受伯益

之昌言。曰。兪。誠如其言也。於是班師。於有苗之國。振旅於京師。帝舜亦有感於伯益之言。乃弛其威武。誕敷其文命德教。惟有舞干羽于東西兩階之間而已。如此者纔七旬。而有苗已回心向化。羣然來格。伯益之言至此驗矣。而虞廷雍容大和之景象。千古之下。猶可想見矣。

皐陶謨

史臣記。曰若稽古昔皐陶。曾陳謨於帝舜。曰。爲君

蹈

而允迪行厥德則臣之所謨者無不明所弼者無不諧也。當時大禹同在帝前聽其言曰兪誠如此然其詳者如何皐陶對曰都

美閒

哉汝之問也。人君一身乃萬化之原。必兢兢業業不可不致其愼厥身修而其思永。不敢輕易苟且取便於目前。然後推之家。以思相

厚

惇以禮相敘以及九等親族。而家以齊矣然後推之國。則庶臣之明哲者感於其德莫不勉勵以輔翼之而國以治矣不特如此自家國之邇

近

可以達之天下

之遠者。亦在玆身修思永上推之耳。豈有他哉。禹拜
（比）
皐陶之昌言曰。俞誠如汝言也。皐陶又推廣其未盡
之意曰。都哉。人君爲治之道。其大者有二焉。一在於
（歎而未深然是）
知人。一在於安民而已。禹未深然之。曰。吁咸若時。兼
舉而無歉者。惟帝堯之聖。其猶難之矣。若使爲君者。
果能知人之賢否。鑒别不差。則睿智所照。將與日月
（智之明）
而並明。謂之哲。由是用人。則能官其人。又果能安天
下之民。使之各得其所。則恩德所及。將與雨露而同

（仁之發）潤謂之惠。由是萬邦黎民必皆愛戴如父母，翕然懷服之矣。故既能哲以知人，而又能惠以安民，衆賢集於朝，百姓和於野，兼盡如此，則何必憂乎黨惡如驩兜者耶？何必遷乎昏迷如有苗者耶？何必畏乎巧言令色孔壬藏凶惡之人耶？夫仁智功用之大，至於如此，帝堯猶且難之，豈可以易而視之哉。

皐陶曰：都！哉。（胡孟反）人才固未易知，而觀人亦自有法，亦言人之行事有九件之德，而德又以有據爲實，亦言其人之有德者不可徒徇其虛名亦不可徒觀其外貌乃必須言曰其舉載（行）某采（事）某采（事）以爲證驗則事皆有據而名實不爽向不患於人之難知矣禹曰九德之目何如皋陶曰其目則寬弘而莊栗柔順而植立謹愿而恭恪有（治）亂才而敬畏馴擾（而小反）而果毅徑直而溫和簡易而廉隅剛健而塞（山則反）實彊勇而好義是九德之目如此或兼備乎衆美彰著於行事之間又厥始終有常而不變斯其爲成德之吉士哉以此觀人則下無遁情而知人

之哲得矣。然九德不必其盡備。而但貴於有常。故能
日新以宣明其中三德夙夜匪懈以浚（音峻）治明其事者可以
爲大夫而有家矣。又能日嚴以祗敬其六德夙夜匪
懈以明亮其采事者。可以爲諸侯而有邦矣。德之多寡
雖不同。人君惟能翕合而受納之敷布而施用之。如
此則九德之人。咸事其事。大而千人之俊。小而百人
之乂皆在官。任使朝廷之上所用之百僚。志同道合。
彼此相師師有同寅協恭之美。而無媢嫉妒忌之私。

凡百工所任職務。亦惟及時幹辦。不至失誤。都撫順于五行之辰（時）以修人事。則庶務功績。其無不凝（成）就矣。

夫人君一身。乃臣下之表率。故無教（與侮通）導逸欲於有邦諸侯。必須兢兢（居凌反）然戒愼。業業然危懼。務以勤儉率先天下也。蓋人君統理天下。一日二日之間。雖若至近而有萬端事幾（音機 微）之來。一有差錯。則悔之無及矣。此所以不可不兢業也。又無用非才。而曠廢庶官。蓋庶官所治之事。本是上天之工。天不能自爲。而人其代之人君宜擇賢能以任衆職可也。凡知人之謨如此。夫天生父子君臣夫婦長幼朋友之倫卽有親義別序信之典。天旣敘倫其有典。本自敦厚。但人情因物有遷。則厚者有時而薄。故爲人君者。當勑正我五典。使五者各相惇厚。不至於偷薄哉。天生父子君臣夫婦長幼朋友之倫。卽有尊卑貴賤等級隆殺之禮。天旣品秩其有禮。本自有常。但人情怠棄。用之不能久。故爲人君者。當以自我五禮。使五者各有庸常度不相紊

亂哉。然君固主此典禮者。臣則輔此典禮者。必須同（音中）
其寅畏。協其恭敬。上下一心。融會流通。以和民之衷。
使人心感化哉。夫天眷命有德之人。使人君代天賞
善則有五等之服。用此五服以章顯之哉。又天誅討
九章七章五章三章一章
有罪之人。使人君代天罰惡則有五等之刑。備此五
墨劓剕宮大辟
刑用以戒之哉。此命德討罪者。乃是朝廷大政事。君
主之於上。臣用之於下。懋之哉懋之哉。不可輕忽也。
勉
且天道至神。於人之善惡。聰無所不聞。明無所不見。

然天無耳目以視聽。但因自我民之視聽以為聰明。天

道至公。凡為善者。必降之福以顯明之。為惡者。必降

之禍以畏懼之。然天無心於好惡。但自我民之好惡

以為明威。故達于上天下民。一理貫通。人心之所在。

即天理之所在也。敬哉有土。人君。必須兢兢業業。求

不拂乎民心也。凡安民之謨如此。皐陶又望帝舜力

我行其言曰。朕之所言。知人安民兩事。似皆順惠於治理。

致可底之於行。不可徒託諸空言矣。禹亦應許之曰。俞。

乃之所言誠爲當理。若厎之於行。必可有成績。其有益於治道。信非淺淺也。皋陶曰。行之有功。予固未有敢預知。但我之心思曰。日贊贊於帝。有懷必吐。有言必盡。期以共襄帝之治功哉。

益稷

史臣記。當時禹與皋陶同在帝舜之前。帝舜因皋陶陳謨有契于心。遂呼禹曰。來前。禹乎。汝亦與皋陶同心輔治者。當告我以昌言。不可隱也。禹拜曰。都。皋陶所陳之謨已盡矣。帝乎。予更何所言。予惟思日日孜（音茲）孜然勉力不息而已。皐陶問曰。吁。所謂孜孜若何。禹乃追述先年治水之事。以見今日勉力保治之意。曰。往時洪水汜濫。勢若滔天。浩浩然廣大無涯。懷包高山。四面襄駕於岡陵之上。下民都昏迷墊（都念反）溺。不能聊生。予於時仰承帝命。任治水之責。乃乘舟車輴（循）樏之四載。以隨山而行。相度地勢。刋（苦安反 除禾）伐樹木之蔽塞。以通道路。然後治水之功。可以漸加。又因此時水土未平民無所食我乃暨伯益教網罟漁獵奏進庶鳥獸魚鱉鮮肉之食於民權以充饑於是予先決導九川之水使各距於四海而大者有所歸次濬通畎澮之水使各距於川而小者有所洩此時水勢漸平田畝可辨我乃暨稷相視高阜處教民播種五穀但田地久荒之餘粒食尚難故仍奏進庶艱於食者以鮮肉之食及至水土益平山林川澤之利皆興四方商賈來往通利乃懋勉其民使之各遷其所有於其所無

互相交易變化其所居積之貨物彼此相通以濟匱

乏然後烝（衆）民乃皆得粒（米食曰粒）食由是得以立綱紀施政教

而萬邦作乂治焉當時天下未平君臣同憂經歷

許多艱苦今日豈可以治安而忘艱苦乎我所以思

日孜孜者正欲共保太平於無窮耳皐陶曰俞誠如

汝言也凡我君臣當師法汝昌言孜孜保守不敢忽

耳禹曰都帝乎天位至重保之甚難當兢兢業業以

愼乃（汝）在位也帝舜曰俞誠如汝言也禹曰人心至靈

一事一物。莫不各有至善所當止。故當安汝之所止。以順適乎天理之公。而不陷於人欲之私。惟研審其事之幾（音機）發。惟省察其事之康安。夫如是乃為安汝止矣。且至於其左右輔弼之臣。皆務盡其忠直。內外交修。若是則惟其所動。天下無不翕然丕應。固有預先徯我之意志者。以是昭受命於上帝。則皇天其申重眷命。與之用休美之福。殆有愈久而愈隆者矣。帝舜感弼直之言。曰。吁。誠使人君安於所止者。惟左右輔弼。是由以其人言之。臣哉。臣卽鄰。鄰哉。以其職言之。鄰哉。鄰卽臣。臣哉。上下相資。不可以勢分言者也。禹曰。兪。誠如帝之言。

帝舜曰。君臣之分。雖有尊卑。而上下相須。實同一體。君猶元首也。以臣視作朕股肱耳目。(音古弘反)可乎。予嘗憂民性之未復。欲左右教導有民。使無一人不歸於善。汝當輔翼贊襄以化之。予嘗憂民生之未厚。欲宣布其力於四方。使無一人不得其所。汝當施爲措置以安之。是不猶吾股肱乎。且夫衣服之制。創自古人。予欲觀古人衣裳之形象。稍加損益取日月。

雉 繪 像 虎蜼 水艸 白

星辰。山龍華蟲六者作會畫於上衣。取宗彝藻火粉

米 斧形 兩己相背 紩

米黼黻六者絺繡於下裳。其繪與繡。都就繒帛之間。

以五采之物。彰乎雜施于五色。制作朝祭之衣服。汝

當明其大小尊卑之等。使禮達而分定焉。是不猶吾

目乎。聲音之道與政相通。予欲聞六律五聲八音之

察 治之反 尺類反

所奏。由其乖和。以在政事之治忽以出納歌謠協於

五聲之言。汝當聽其乖和得失之分。使樂和而政成

焉。是不猶吾耳乎。其如此則臣實謂之股肱耳目可
也。帝舜又責望於禹曰。予爲天子。一日萬幾豈能一
戾
一皆當耶。但有違背道理者。汝當盡言弼正使我得
聞而改之。汝必當無向我面前唯唯諾諾。順從以爲
是乃退有背後之言論。以爲非。汝宜兢兢業業務思
以欽敬爾四鄰之職矣。然人心不同。彼羣臣中有衆
庶頑愚好興造讒說誣害善類。若不在時忠直之列
是
者。甚爲治道之害。然亦未可以遽絕之也。必先用射

侯以明（驗）之蓋射以觀德則邪正可辨矣若知其果爲頑讒必須用鞭撻（他末反朴）以使記之而不忘又立簿書用識（誌）之使之羞愧無已哉若此者果何爲哉只是欲懲創悔悟並生於天地之間哉又必命掌樂之工以其所進納之言語播之於樂時時而宣颺（音揚）之以察其言之和戾則其過之改否可知矣若果能格（改）頑讒而爲忠直則當承（薦）之庸之不但已也否（俯久反）則是稔惡不悛終乎頑讒而已然後用刑罰以威治之使不得終肆其

惡矣禹聞帝舜用刑之言心未盡以爲然曰兪哉雖然庶頑讒說懲之以威不若化之以德使帝之盛德光輝昭著達於天之下以至于海隅蒼生（蒼蒼然生）之遠無不在其照臨中則萬邦黎民之獻（賢）者孰不感慕興起而（同）共惟願輔佐聖君爲帝股肱耳目之臣惟帝時（是）舉而用之耳然舉用之道何如敷陳而納之以言語以觀其蘊及其采用則明試衆庶以功績以考其成若眞能脩舉職業則賜路車章服以旌異功庸以厚其報

則公道昭明人心激勸誰敢不讓而爲忠直敢不精白一心敬應其君上用賢之心乎帝若不如是時則今任用之臣遠近敷同率爲誕慢日奏罔功矣豈特庸頑讒說爲可慮哉夫爲人君者當勤於脩德無若堯子丹朱之驕傲也丹朱之不肖惟怠慢逸遊是好惟傲很暴虐是作罔晝罔夜只是荒淫縱欲頟頟（鄂格反）然不知休息所幹之事不順道理譬如罔水地上行舟者又朋比衆小人與之淫亂于家不理國事因此

不得繼堯之天下。用殄絕厥祖宗世傳之基業。此所謂前人之覆轍也。予深懲創其若時（是）兢兢業業。勤脩其職。不敢怠傲。初娶于塗山（國名）氏之女。成婚之後。只在家者辛壬癸甲四日而已。乃出治水。及後塗山氏生子啓。呱呱而泣（音孤泣聲）。予弗暇以爲子而顧念。惟奔走四方。大荒相度（達各反）治水土之功。及水土既平。則疆域可定。乃因其地之遠近。弼帝以成五服之制。每服五百里。東西南北。至于各成五千里。疆域既定。則官職可建。乃於九州之内每州選立十有二人以爲之師。使之佐州牧以糾諸侯九州之外。薄（音博迫）近四海咸各建立五人以爲之長。（之丈反）使之率蕃夷以衛中國。凡若此者。亦惟恐此心少懈將致若丹朱之傲耳。今内而十二師侯牧。外而五長蕃夷。各迪（蹈）行朝廷德教莫不有成功。然獨有苗氏負險恃頑。弗肯即（就）工。爲盛世之累。帝其念之哉。

帝舜曰。如今四海之内。都迪（蹈）行朕德教者。實時（是）由乃（汝）治水之功惟有次敘也。至如苗民之頑。則皐陶方且祗承汝厥功有次敘方施五等之象刑以輔弼德教。惟明白當罪乃有以畏服乎人矣。由是觀之豈可專恃德教而盡廢刑威哉。當時帝舜作大韶之樂后夔爲樂官因述其聲樂感通之妙以告於舜曰。樂作於宗廟之中。其在堂上則戛擊（考擊）鳴球（玉磬名）搏（至）拊（循）琴瑟以合歌詠之聲。使樂聲與人聲相應但見樂音和暢無感不通。幽而爲神則祖考之靈來格（至）來享。如在乎其上。明而爲人則帝堯之後爲虞之賓（丹朱）者。來在助祭之位。與羣后。都雍雍肅肅。以德相讓焉。樂之作堂上者如此。其在堂下則有管有鼗（音桃）鼓。樂作而合其聲終而止其奏。合則擊柷（昌六反）止則擽敔（偶許反）又有笙有鏞（音庸大鍾）或擊或吹以與堂上鳴球琴瑟戛閒而作。各盡其條理之妙。但見大和所感。無微不入。雖冥然無知如鳥獸者聞此樂聲。亦蹌蹌（行動貌）然相率而舞動焉。樂之作於堂下者如此。合堂上堂下之樂。名曰簫韶。自一奏以至於九奏之成。則樂之始終備矣。但見至和之極。感通益神。雖世所希有如鳳凰者亦來舞於殿庭之間而有容儀焉。夫如此者。雖由於樂聲之和。而孰非本於帝德之所致哉。夔又重述韶樂感通之妙曰。於乎。八音之中。惟石最爲難和。然予擊（重擊）石磬之大者。拊（輕擊）石磬之小者。以審高下抑揚之節。其聲乃和矣。石聲既和。則八音皆無不和也。由是百獸聞之。皆相率而忭舞。庶尹聞之。皆允信而克諧。其感人動物之神如此。又孰非帝德之所致哉。帝舜將庸（用）作歌。相儆戒。先述其作歌之意。

曰。一時一事。亦皆天之命也。必須戒勅天之命。兢兢業業。常存敬畏。惟一時之頃。惟一事之幾。微其可以怠忽乎。乃歌曰。人臣之爲股肱者。乘時而圖幾。惟以趨事赴功之爲喜樂哉。如此則人君之爲元首者。亦可與起哉。百工之有事務者。亦可熙廣哉。帝舜作歌以保治之事。責之於臣者如此。皐陶將欲續作歌。拜手首至手

又至地　大言而疾曰颺

稽首。颺言。先述其意曰。帝欲勅天保治。其思念之哉。夫人君一身。乃羣臣之表。必須以勵精圖治之心。總

率羣臣使之作興朝廷事功。又當愼守乃成憲率由舊章不可有更改。此帝所當欽念哉。又必須屢省試以稽考乃庶臣之成功。使之無誕慢欺罔之敝。此又帝所當欽念哉。乃賡載其歌曰。人君之爲元首者。率作而考成焉。其於任官也惟明哉。如此則人臣之爲股肱者。亦自忠良哉。國家庶事。亦自安康哉。又歌曰。人君之爲元首者。若不能勵精率作。則瑣細叢脞哉。若此則人臣之爲股肱者。亦終於苟且而偷惰哉。

國家萬事亦歸於懈弛而廢墮哉。是皐陶以保治之

道。反復責之於君者如此。帝舜聞之拜以致敬曰俞

自今以往我君臣當上下一心敬欽以保天命哉。

書經插解卷一

書經插解卷二

讚岐　河田興猶興　述

夏書

禹貢

史臣記當時洪水橫流汎濫天下禹受命治水乃先

（分）敷別土地以爲冀兗豫青徐揚荊梁雍又隨山勢而

行相其便宜刊除障蔽之樹木以通其道路奠（音殿）定高

山大川以別一州之疆界爲之紀綱矣帝都所在爲

冀州禹先治河水便既載（經始治之）治壺口山河水衝激之處

也。而治梁山以及於岐山。皆河水之所經也。又汾水出於太原。經太岳東入河。禹便既修治太原而至于太岳之陽。（山南）自岳陽而東。有覃懷之地。河水之所衝也。清漳濁漳合流之地。謂之衡漳。河水之所浸也。禹治覃（徒含反）懷既底（致）功績以至于衡漳之旁。水患既平。則土復其常。須辨其色性。厥土色則惟潔白而不雜。性則柔壤（汝兩反）而無塊。土宜既辨。地利可與。於是定其田賦。則厥賦惟上之上。為第一等。而或地力年分不同。難照常額。則錯出第二等。厥田惟中之中。爲第五等。田賦既定。水土尚有未平者。彼包絡乎恒山而流注於東北者。恒衛二水也。横跨於大河而高平於東南者。大陸之地也。於是恒衛既從其正道。則大陸既可耕耘而作矣。島夷則每年進貢皮服耳。其北方貢道則自北海夾右碣石山而入于河。以達帝都。此總記經理冀州之事也。南跨過濟水。西北直到大河。惟爲兗州。禹當河水將入海之處。疏其正派。分其支流以爲九河。

（恒衛：二水名）（大陸：地名）（島夷：海島之夷）（夾：挾在右。碣：臣列反）（兗：悅轉反）

既各順其道不復漫流為害濟水既治則其所經雷

夏亦既能畜水成澤（水之鍾）不至於溢出為患自河出者為

灉（音邕）自濟出者為沮（千余反）今九河既治故灉沮二水合流為

一如諸侯會同以朝天子也水患既去其宜桑之土

既可以養蠶（音蚕）而取絲矣於是民之往高處避水者都

降下丘（地高曰丘）陵而居宅平土矣厥土色則純黑性則墳（音粉）起

厥草則惟繇（音遙茂）而蕃厥木則惟條（長）而盛厥田惟中之下

為第六等厥賦則最薄而貞正為第九等君天下者

以薄賦爲正也。此州當河下流，被害尤劇。今水患雖平，而生理尚艱，必待耕作十有三載，生理盡復，而後賦法乃同於他州矣。厥所貢者，漆與絲也。厥篚（竹器）所盛者，織文（錦綺之屬）也。蓋漆所以制器用，絲與織文所以備章服也。其貢道則浮舟于濟漯（他合反）二水，達于河，以至帝都。此總記經理兗州之事也。東北距大海，西南到岱山，惟爲青州。水患既去，至嵎夷之遠，亦既經略，爲之封畛。此州不當衆流之衝，但濰淄（濰音維，淄音緇）二水各循其故道，則其功畢矣。厥土色則潔白。性則墳起。在海濱。則一望廣(涯)潟。又斥(尙石反)鹵而鹹。厥田惟上之下。爲第三等。厥賦中之上。爲第四等。厥所貢者。鹽絺(細葛)海物。亦惟錯雜而出。皆服食燕享所需。此通一州之貢也。岱山之畎(古泫反谷)所出。有絲與枲(想里反麻)。可以爲衣服。又有鉛(音緣)與松木怪石(怪異之石)。可以爲器械屋宇。萊山夷人作畜牧之處。亦有貢物。厥篚所盛者。檿(音琰山桑)絲。性最堅韌。可以爲琴瑟之絃。繒帛之用。此隨地所出之貢也。其貢道則浮舟于汶(音問)水。西南達于濟水以至帝都此總記經理青州之事也東至大海北至岱山南及於淮水惟爲徐州淮水入於海沂（音宜）水入於泗而二水其皆得乂治矣蒙羽二山嶧爲淮沂所包今水患既去其皆可得以種藝矣濟水既治則大（澤名）野始能容受衆流有蓄有洩而既豬（水蓄而復流者謂之豬）焉至於東原之地亦盡底於平矣厥土色則純赤性則黏埴（音熾）而墳起其草木亦漸（進長）進而包（叢生）稹厥田惟上之中爲第二等厥賦中之中爲第五等厥所貢者惟土有五色者可以

建大社封諸侯此通一州之貢也羽山之畎(谷)所出之夏翟(雉具五色)其羽可以爲旌旄嶧(音亦)山之陽(南)所出孤生之桐樹。其材可以爲琴瑟泗(音四)水之濱所出浮石之磬可以備樂器淮夷之地所出有蠙(蚌)珠暨(及)魚可以爲服飾而供祭器厥篚(竹器)所盛者有玄(赤而有黑色)色之幣可以爲冠及齋祭之服有黑經白緯之纖(思廉反)純白之縞(古老反)可以爲去凶即吉之服此隨地所出之貢也其貢道則浮舟于淮泗二水達于河以至帝都此總記經理徐州之事也北方至淮東南到大海。惟爲揚州。彭蠡會衆水之流。跨三州之地者。既爲豬。不復有横決之患。其水邊洲渚亦皆底平。隨陽之鳥。都得其攸棲居。三江之水。都既順流入海。而得其所歸於是。震澤之水。亦有所蓄洩底於安定。而不復震蕩。篠簜之竹。都既敷滿而發生。厥草惟夭。夭而長盛。厥木惟喬。然而高竦。其地卑濕。故厥土皆惟塗泥。不言色者。其色雜也。厥田惟下之下。爲第九等。厥賦下之上。爲第七等。閒或年分不同。又進十錯（昨革反）出第六等。厥所貢者。惟金銀銅三品。可以資國用。瑤（音遙）玉與琨（音昆）石。可以為器。篠竹可以為矢。簜竹可以為樂管。及符節。象之齒。犀兕之革。可以為車甲。鳥羽獸毛。可以飾旌旄。惟大木可以備棟宇器械。此通一州之貢也。海島之夷所貢之物。則織成之卉服（草木綿之屬）。厥篚所盛者。織成貝文之美錦。凡此皆常歲之貢也。厥所包裹者。有橘（均必反）有柚（由究反）。然亦非歲貢之常。必待朝廷有祭祀宴享之事。錫與詔命而後貢焉。其貢道則沿（順流）

于江水而下。入于大海。又自海而達于淮水。自淮水達於泗水。遂以至帝都。此總記經理揚州之事也。北

南

抵荊山南及衡山之陽。惟爲荊州。禹既因水勢而導之。於是江水出於岷山。漢水出於嶓冢。至荊州合流東趨。朝宗于海。其勢如諸侯覲於京師然。九江之水。各順其流。合於洞庭。水道孔殷。無橫決之患。江

甚 正

（徒河反 捷嫌反）

漢既沼於是別流之沱潛二水。亦既各循其道。無復逆流之患。水患既去。雲澤相近之地。雖未耕治。其土

既見矣。夢（亡弄反）澤相近之地。則都可耕作乂。治也。厥土性惟塗泥。厥田惟下之中。爲第八等。厥賦上之下。爲第三等。厥所貢者。有羽毛。可以爲旗旌。有齒革。可以爲車甲。惟有金銀銅三品。可以資國用。有杶（勅倫反）木之榦。可以供武備。有栝（音适）有柏。可以修棟宇器械之用。有礪（磨石粗）有砥（磨石細）。可以爲磨礱。有砮。可以爲矢鏃之用。有丹砂。可以爲彩色之用。惟箘（求隕反）簵（音路）竹名與楛（音戶）木名二者。皆可以爲矢笴。其三邦之地。所產則令底（致）貢。厥有名者。所包匭（音軌）（匣）之菁茅（有刺而三脊）。所以供祭祀縮酒之用。厥篚所盛者。有玄纁(許云反)二色之幣。

及璣(珠不圓)珠所繫之組(音祖)綬。皆可以爲服飾。又九江之地。有

時納錫大龜(下與上講 尺有二寸)於上。以供占卜之用。蓋此物不常有。故

不制爲常貢也。其貢道則浮舟于江沱以入潛漢。漢

水與洛水不通。又從陸路逾(越)于洛水。然後至于南河

以達帝都。此總記經理荊州之事也。西南至荊山。北

至大河。惟豫州伊洛瀍(直然反)澗四水。皆既合流而入于

河。滎(戶扃反)水波水。亦既有所蓄而洩。乃豬焉。又導荷(音柯)澤

之餘波。以被（及）覆於孟豬。而孟豬亦能容受而滔矣。厥土高處。則惟壤而無塊。下土則墳起而壚（音盧）疏。不言色者。其色雜也。厥田惟中之上。爲第四等。厥賦錯雜出第一等。而常賦則上之中。爲第二等。厥所貢者。有漆供器用也。有枲（麻）及絺紵（細葛直呂反）等布。供服用也。厥篚所盛者。有黑經白緯之纖與精細之纊（音曠）綿亦供服用也。其待錫命而後貢者。有治磬之錯。非常用之物。故不制爲常貢也。其貢道則東境徑自入河而西境則浮舟于洛。

達于河。以至帝都。此總記經理豫州之事也。東至華（胡化
反）山之陽。西至黑水。惟爲梁州。岷嶓（武巾反音波）二山。乃江漢之源。
其地皆既可種藝。別流沱潛。亦既各得其道。而有所
歸也。蔡蒙二山。乃行旅祭之禮。以告其平治。和夷地
（祭山曰旅）攷
平。而難於成功。今則底有功績焉。厥土色青而黎黑。
不言性者。其性雜也。厥田惟下之上。爲第七等。厥賦
下之中。爲第八等。間或一年進爲第七等。間或一年
降爲第九等。而三等錯雜焉。厥所貢者。有璆（音虯玉磬）供樂用。

也。有鐵（六鐵）。供器用也。有銀。供國用也。有鏤（盧豆反　剛鐵）。供器用也。有砮。供矢用也。有磬。供樂用也。有熊羆（彼宜反）狐貍（力疑反）四獸。其毛織之可以爲罽。其皮製之可以爲裘。供服用也。其貢道。則可以達河者。固不必言。其西南境之遠者。則西傾山之南。桓水出焉。因循桓水是來。浮舟于潛水。而潛與沔不通。遂舍舟登陸。而逾于沔水。由沔跋涉而後入于渭（音謂）水。由渭橫截亂（絶河而渡）于河。以至帝都。此總記經理梁州之事也。西面跨過黑水。東面抵西河。惟爲雍州。弱水既順其故道。西入流沙。涇（音經）水下屬（音屬）於渭水。上屬於汭（如銳反）水。彼此聯合而無散漫矣。漆沮（七徐反）二水既歸於渭。小大相從而無橫流矣。灃（芳弓反）水亦南注於渭。此其攸同歸也。荊岐二山既行旅（祭山謂旅）祭之禮。凡終南山惇物山至于鳥鼠山。其間諸山都與荊岐同一無不平矣。原（廣平）隰（下隰）已底（致）功績。又直至于豬野（地名）。其間平地都與原濕同一無不平矣。不特近地底績。雖遠如三危亦既無水患。可以居宅。三苗之竄於此地者。既已安居樂業。亦皆格心向化而丕有功敘也厥土色則惟黃其性則壤而無塊厥田惟上之上爲第一等厥賦中之下爲第六等厥所貢者惟有球琳（音求 來金反）美玉 可以爲珪璋之用有琅（音郎）玕（音干）石似玉者 可以爲冠冕之飾其貢道則東北境浮舟于積石之河北行東轉南向至于龍門入冀州之西河以達帝都其西南境則皆會于渭水之汭（水北）亦可以達帝都矣又不但本州有貢物而已獸毛之可織獸皮之可裘者亦貢之其地則曰崑崙（盧門反）曰析支（星歷反）曰渠搜（踈鳩反）此三國

本是西方之戎落。今已順服我中國之化。皆即（就）而有功敘。禹功所及。其遠如此。此都記經理雍州之事也。

以下爲導山

禹隨北條大河北境諸山。乃導雍州岍（音牽）山東及岐山。又東至于荊山。（岍岐荊皆雍州山）無不施功。則不但河之經於雍州者無壅塞。而渭水之入河。涇灃漆沮汧汭之入渭。皆有次第矣。雍州功畢。禹乃過逾于龍門之西河。到冀州之地。自北而南。治壺口山。所以殺河勢也。又南而至（在河）雷首山。以至于太岳。爲汾水所經。又自南而東。自底柱山（中流其形如柱）析城山（山峰四面如城）。以至于王屋山（山狀如屋）。爲濟水所出。亦因而治之。又自東而北。治太行（戶剛反）山恆山。以至于碣石（壺口至碣石諸山皆在冀州）。水勢至此。都入于海。則其間不但河濟順流。而汾洚漳沁恆衛等水。皆有所歸矣。其施功之序如此。禹隨北條大河南境諸山。乃導雍州西傾山。東歷朱圉（魚呂反）山鳥鼠山。又轉而之南。以至于太華山（西傾至太華皆雍州山）。則凡恆衛等水出入於諸山者可治矣。雍州功既畢。由是到豫州之地。導熊耳山。東歷外方山桐柏山。又轉而之南。以至于陪尾（熊耳至陪尾皆豫州山）（音裴）

山。則凡伊洛淮等水出入於諸山者可治矣。其施功之序如此。禹隨南條江漢北境諸山。乃導梁州嶓冢（山形如冢）山。以濬漢水之源。至于荊州荊山。又自内方山。至于大別山（荊山至大別皆荊州山）。以引其流。則漢水於是乎入江矣。其施功之序如此。禹導南條江漢南境諸山。乃從岷山（梁州山）之陽。至于衡山（荊州山）。以通江水之上流。又渡過九江（荊州）。至于敷淺原。（以下爲導水）

以通江水之下流。其施功之序如此。隨山之功既畢。

禹導弱水（在雍州）。至于合黎山。其餘波西入于流沙（沙隨風流行）。而弱水治矣。導黑水。至于三危（在雍州西北）山。流入于南海。而黑水治矣。

導黃河。自積石（雍州山）起。以河在山峽中行。其流迅疾。有時壅滯。乃疏鑿其險阻。以至于龍門（冀州山）。自龍門而下。山開岸闊。豁然奔放。南流至于華山（雍州山）之陰。自南折而東流。復在險處。至于底柱（冀州山）山。又東至于孟津之地。又東過洛汭（豫州水）之處。至于大伾（豫州山 音丕）山。於此河始出險而就平地。又自東折而北流。過洚水（在冀州）至于冀州之大陸。又自大陸而北。到兖州之地。地曠土疎。河尤易決。禹乃播之為九河。以分其力而殺其勢。然後合同爲逆河（以海水逆潮得名）。以入于海。而河水治矣。自嶓冢山（在梁州）導漾水以濬其源。東流方名爲漢水。又東流名爲滄浪之水（在荊州）。又過三澨之水（在荊州）。至于大別山。而南流入于江水。又東流停蓄周滙（胡罪反）而爲澤。名爲彭蠡（在揚州）。又東流爲北江。順流入于海。而漢水治矣。自岷山（在梁州）導江水以濬其源。東流分別名爲沱水（在梁州）。又東流至于澧（音禮）（在荊州）水。遂過九江。至于東陵。又東向迆（音以）邐而行。北會爲漢水之滙澤。又東流爲中江（在揚州）。順流入于海。

而江水沿矣。導沇(音兗)水。(在冀州)其發源在王屋山頂崖下。由是伏流地下。湧出二源。合而東流。名爲濟水。自此入于河。伏流溢出而爲滎。(在豫州)又與河並行。東湧出于陶丘(音桃)(在豫州)之北。自此遂不復伏。又東至于菏澤。(在豫州)又東北會于汶水。(在徐州)又北東入于海。而濟水沿矣。導淮水。自桐柏(在荊州)山始。由是東流會于泗沂(在徐州)二水。又東流入于海。而淮水沿矣。導渭(雍州水)水。自鳥鼠(山名)同穴(山名並在雍州)始。東流會于灃(音豐)水。又東流會于涇水。又東流過漆沮二水。自此順流而入于河。而渭水洛矣。導洛水。自熊耳山始。東北流會于澗瀍二水。

（豫州水）（在豫州）

又東流會于伊水。又東北順流入于河。而洛水治矣。

禹勤勞於外者八年。九州之疆域雖異。而水土之平治。則攸同。故四海之隩（於六反）。水涯之地。既可奠宅。九州之山刊木通道。已可旅祭。九州之川。濬滌（徒歷反）泉源。而無壅遏。九州之澤。既有陂（彼宜反）障。而無決潰。四海之水。無不會同。而各有所歸。其功績如此之盛也。水患既去。則水火金木土穀六府。皆孔修治。而財用有資。貢賦可定

大

矣。乃因地之宜以制國用。九州庶土。有高下肥瘠之不同。交相較正。底（致）謹愼於財賦之入。而不敢忽焉。九州之土穀。咸爲之品節。則於三等之壤。而成田賦於中邦（中國）之內。又佐天子封建諸侯。錫之土地及姓氏。使之立國。以守其社稷。立宗以保其子孫。於此禹自說當此治定功成之時。別無所事。惟祗敬台（音怡　我）之德以先天下。則天下之人。自然傾心從化。不違距朕之所行（下孟反）矣。又定五服之制。天子畿內地方千里。王城之外四面皆五百里。制爲甸服。以其皆田賦之事也。（田事）甸服之制何如。内百里去王城最近。其賦則納禾本全之總。第二百里。次近王城。其賦則納刈禾之銍。（珍栗反）其第三百里。亦近王城。其賦則納半藁去皮之秸。（工八反）然此三百里内。都是近地。不但納其物而已。仍使之服勞而兼力役之征焉。自是以外。其第四百里。去王城漸遠。惟去其穗而納粟。（穀）其第五百里。去王城尤遠。去殼而納米。

甸服外四面各五百里。制爲侯服。以其皆侯國之事。

也侯服之制何如近甸服百里定為卿大夫采邑其
第二百里定為男爵小邦外凡三百里定為諸侯大
國侯服外四面各五百里制為綏服以其漸遠王畿
而取撫安之義也綏服之制何如此地內去王城千
里外去荒服千里介乎內外之間不可不嚴華夷之
辨故內凡三百里則酌量揆度施之以仁義禮樂之
文教外凡二百里則鼓舞奮揚訓之以卒伍軍師之
武衛綏服外四面各五百里制為要服以其去王畿

已遠法制簡略。稍示約束而已。要服之制何如。內凡三百里遠彼夷人。外凡二百里蔡。（音殺、放）彼罪人。要服外四面各五百里制爲荒服。以其去王畿尤遠都是荒野也。荒服之制何如。內凡三百里聽蠻人居住。外凡二百里以重罪人流放於此。禹既定五服。其地雖止五千里。然風聲教化之所及。則有不止於此者。東邊則漸漬到于東海。西邊則覆被至于流沙。朔（北）邊南邊則所暨（及）。尤遠不可以地限量。此風聲教化盡訖于四海

之內。而無遠不至。如此。大禹治水之功既成。於是獻

與

錫玄圭於帝舜。以告厥成功而復命焉。圭必用玄者。

所以象水色之黑也。夫當洪水橫流下民昏墊之時。

禹不惟能平治水土以救一時之患。而必於經制悉

備。德敎四達。然後告成於君。眞可謂萬世之大忠矣。

此其所以獨冠虞廷之功。而卒開有夏之業也。

甘誓

史臣記夏王啓繼禹即位。有扈氏無道。王乃親率六

軍征之而有扈怙强㤻惡敢與天子抗衡大戰于其
南郊甘地其初夏王乃召六鄉之卿而誓戒之王重
其事歎曰咨嗟凡六軍有事之人予今誓戒告汝等
彼有扈氏威侮（暴殄輕忽）水火金木土之五行怠棄（慢廢）子丑寅之
三正虐下背上獲罪於天天用降以大罰勦（子小反絶）絶其命
今予躬率六師以征之惟恭行天之罰而已故爾在
車左主射之人安專治左邊之事若不攻治于左而
於射敵之法有所未精是汝不能恭敬我之命也在

車右主擊刺之人。宜專治右邊之事。若不攻治于右。而於擊刺之法。有所未精。是汝不能恭敬我之命也。在車中主御（主馳驅）馬之人。宜專心求合法度。若非其御馬之正。而於馳驅之法。有所不合。是汝不能恭敬我之命也。汝衆將士。若能用我之命。而有功。我則賞賜之于軍中祖（左陽）主之前矣。若不用我之命。以僨事。我則戮殺之于軍中社（右陰）主之前矣。不但誅及其身。予則併其孥（妻子）而戮（音六殺）汝矣。汝等其可不恭聽今日之誓哉。

五子之歌

史臣記夏王太康（啓之子）不理國家政務，如祭祀之尸，徒居人君之位，以放逸豫樂之事，以喪滅厥德，肆爲暴虐。因此天下黎民不安其生，咸有貳心。而太康乃猶不知省改，盤樂逸遊，無有節度，遠出畋（音田）獵于有洛之表（外），經十旬而猶弗反。有窮（國名）之后名羿（五計反）者，素懷不臣之心，乃因民弗忍（堪）命，舉兵距阻太康于大河之南，不使之歸國。厥弟五人（太康）侍御其母以追從之，徯（侍）于有洛之汭（水北）。

五子咸見社稷危亡之不可救。母子離散之不可保。乃憂愁嗟怨述大禹所垂之訓戒。衍以作詩歌。紓其悒鬱無聊之氣。以明先訓之當遵。天命之難保。其第一章曰。昔我皇祖大禹有訓戒之辭。人君與下民。勢之相隔。雖有尊卑。情之相須。實猶一體。宜可以其情而近之。不可以其勢而下之矣。所以然者何也。益小民雖至卑。惟爲邦國之根本。根本堅固。而後邦國安寧。無傾危之患矣。予視天下之民。莫謂億兆皆愚夫

大

安

五子自稱

愚婦亦不可輕忽若失其心一皆能勝予矣故人君之行事一有差失猶皆足以致怨於民況以一人之身積愆累咎至於再三差失則民心自然怨咨豈必在其明白彰著而後知耶夫事皆自微而至著故爲君者當於事幾不形見之時而是先圖謀以潛消禍亂耳故予臨兆民深以危亡爲懼懍（力甚反）懍乎若以朽（腐）索之易斷而馭（音御）六馬之易驚常恐其不免於傾危也夫以民之可畏如此則爲人上而臨民者奈何可怠荒

而不敬乎。其第二章曰。大禹之訓戒中有之。在內則作色荒（迷亂）而惑嬖寵。在外則作禽荒（迷亂）而耽遊畋。甘（嗜）飲旨酒而不知節。嗜好音樂而不知止。竭不貲之費以高峻（尚大）其屋宇（棟宇）。極彩色之麗以彫飾（繪飾）其墻（疾羊反）壁。爲人君者有一於此六者未或不致滅亡者也。祖訓垂戒如此。今乃盤遊無度。雖欲不亡得乎。其第三章曰。惟彼陶唐氏帝堯。以聖神之德。繼天立極。而有此冀（舉中包外）州地方。一傳而至虞舜。再傳而至我祖大禹。三聖皆授守一道。

天下臣民莫不歸往。今乃以逸豫滅德。失厥三聖相傳之道。錯亂其小紀大綱。乃逆臣竊國。基業蕩盡。遂底（致）滅亡矣。是可傷也。其第四章曰。其德明而又明者。我祖大禹也。受禪於虞氏。爲萬邦之君矣。其所以治天下者。有典章有法則。以貽（以之反）遺厥後世子孫。使之保守其基業。不敢覆墜而已。至於制度之小者。亦一一具備。就如五權之法。其量重者莫如鈞石。焉則關通其石（百二十斤）而無折閱。和平其鈞（三十斤）而無乖忤。王國府庫則亦有其設也。其爲後世子孫慮。可謂詳且遠矣。奈何太康荒墜厥緒。而顛覆有夏之宗。斷絶配天之祀乎。

其第五章曰。嗚呼。太康今失其國。舊都爲强臣所據。進退無路。徬徨四顧。將曷（何）所歸乎。予懷念之。不禁悲傷也。如今黎民咸貳。萬姓仇怨予。太康衆叛親離。無復有一人哀矜我者。予將疇（誰）之依。以圖存乎。故鬱陶（哀思）乎予心之哀也。蓋羞愧之極。其見於色。如顏厚。然其發於心。則有忸怩（女六反　女夷反）不容掩者。事勢窮蹙。至於此。推原其故。惟因弗能敬慎厥德。乃致有今日之禍耳。天命已去。人心亦離。雖欲恐懼脩省悔改前非。其可追及乎。付之無奈何而已。

胤征

史臣記。后羿既距太康於河。而立其弟仲康。惟仲康（太康之弟）肇（始）正位於四海之上。先以胤侯（胤國之侯）爲賢命之掌管六師。以收羿之兵權焉。當時諸侯有羲和者。世掌天文。乃廢（隳）厥職業。雖有日蝕之變。而不奏聞。惟貪飲酒。而荒迷于厥邑。此其黨羿濟惡之尤者也。胤侯遂承王命。將六師以徂征焉。所以翦羿之羽翼也。胤侯乃誓告于其衆曰。嗟夫。予有衆。須知我聖祖大禹有謨訓。以垂示子孫。其語明白。都有徵驗。用之可以安定國家。保守基業。誠後世君臣所當共遵守者也。其謨訓謂古先帝王。其德格天。猶克謹天戒。不敢有一毫怠忽。其爲臣人。亦都小心謹愼。凡事皆克有常憲。不敢違越。至於百官之衆。勤修其職。以輔其君。故君內無失德，外無失政。此厥后惟所以爲明明也。禹之謨訓如此，乃羲和忽於日食之變，無有常憲，其罪固不可赦矣。又當先王盛時，每歲孟春之月，遣宣令之遒人，以木鐸徇示于道路，其辭謂凡我官師，都有輔君承天之責者，苟見其君有過，當直言以相規正，不可唯唯諾諾，以取容悅也。至於百工技藝之人，亦當因事納忠，各執其所司之藝事以進諫。是人臣恭敬之道也。其或官師百工不能規諫，是不恭敬也。不恭之

夏官名　金口木舌　傳示

罪於吾邦家有典常之刑先王之宣令如此乃羲和
復背之其罪亦不可赦矣況惟是羲和乃敢顛倒覆
敗厥德沈溺昏亂于酒心志既迷故違畔其所掌之
官職而不修離去其所居之位次而不顧其先人唐
虞以來世掌天文未嘗紊亂至是俶失占步擾亂其
天紀遐棄厥所司之事乃季秋九月朔日日月交會
之辰弗相和集而掩蝕于房宿之間天變如此天子
方恐懼於上與羣臣同時救護此時樂官瞽者奏鼓

音色

嗇夫小臣馳驅。庶人之在官者。亦皆奔走以助日。如此。其急。羲和係專掌天文。乃全不以爲事。尸居厥官。若罔聞知。則其昏迷于天象。一至於此。以干犯先王之誅。豈特不恭之罪而已哉。且先王政治之典籍有載曰。曆官職業掌管天文。若是推算不精。占候差錯。或失於太早。先（悉薦反）時候者。其罪當殺而無赦。或失於太遲。不及時候者。當殺而無赦。占步差錯者。猶不免於誅。況羲和乃昏迷天象。而於日食。罔聞知。則其罪在

書經插解 卷二

必誅豈可赦乎。今予以爾六軍有衆奉將（行）天威明致

其罰。此乃王家公事。天子威命所在。爾衆士皆當奮

其忠勇。同力王室。尚（庶幾）弼予以欽承天子之威命也。

然至於用兵之際。又當分別輕重。不可縱於殺戮。譬

如猛火炎燒崑岡。（崑山名出玉山脊曰岡）則不辨玉石之美惡。俱焚之爲煨

燼。尚爲天吏而有過逸之德。不擇人之善惡而戮之

（殲 將廉反）

其害有酷烈于猛火之不辨玉石者矣。今我但殲滅

大（魁 苦回反）（脅 虛業反）（汙 烏故）

厥渠魁首惡之人而已。脅從之徒。則罔治之舊染汙

俗。陷於罪戾而不自知者。亦赦除之。使其咸與惟新。改過自新。如此。則情法兩盡。仁義竝行。無忝王者之師矣。爾衆士可不慎哉。嗚呼。爲將者。使嚴明之威。常克厥姑息之愛。則三軍之士。皆畏將而不畏敵。奮勇爭先。允能濟國之大事矣。若徒使姑息之愛。常克厥嚴明之威。則人皆畏敵而不畏將。怠玩退縮。允罔有成功矣。我今行師。不得不以威勝愛矣。其爾衆士可不懋勉戒懼。而用命乎哉。

書經插解卷二

書經插解卷三

讚岐　河田興猶興　述

商書

湯誓

至

史臣記湯王將伐桀誓衆曰格爾衆庶民當詳悉聽朕之所言非台（音怡我）小子輒敢行不顧名分以下犯上稱（舉）此悖亂之事今有夏慢天虐民。實是多罪不止一端天厭其德命我殛誅之也其事非得已今爾有衆（君）百姓汝乃怨曰如今田禾成熟正好及時收獲我后卻不體恤我衆。教棄舍（音捨）我稼穡之事而往割（斷）正有夏之罪。夏之罪於我何與哉。予亦惟（猶雖）聞汝等衆多之所言如是。然夏氏之王。有得罪於天。固不可宥。予畏上帝之命。不敢不往正其罪也。今又汝其必曰夏王雖暴虐有罪。只害夏邑百姓耳。其將如台（我）毫都之民何。害既不及於我。我何必興師。衆言或爾。然夏王相率爲重役以遏絶衆民之力。又相率爲嚴刑以割（絶）殘夏邑之民。夏邑之民被其荼毒。若不聊生。其有衆百姓。

亦相率皆離心懈怠弗相和協。惟恐其不亡也。夏王常說我有天下如天之有日。日亡我乃亡耳。其民遂指日以怨之曰時日果曷時喪亡乎。若得亡則予雖及汝夏王皆俱亡不辭也。夫夏王惡德爲民所厭苦若茲。寧可坐視其民之困於塗炭而不思以救之哉。故今朕決計必往。爾等尚其同心同力輔翼予一人以致天之罰於有夏。勇往直前。立定其功。予則其必大賚汝以爵祿。爾輩無猜疑而不信朕。既道之決不食此言爾等若不從我之誓言。顧望退縮背違天命。予則併其孥而戮汝。不止一身也。斷斷乎必罰而罔有攸（所）赦矣。

仲虺之誥

史臣記。成湯伐夏桀。因其奔遂放桀于南巢之地。有天下而惟有所慚愧其德之不如古昔揖讓之美。乃曰予恐來世之人。肆行不軌。輒以台（我）今日之事爲藉口之指實也。其左相仲虺（許偉反）乃作誥文以解釋其慚愧之意曰。嗚呼。惟天之生斯民也。形質既具。必有聲色臭味愛惡之欲。若無君主治之。則乃爭亂矣。惟天不忍其亂也。故生出聰明聖人於萬民之中。時（是）以爲君。而使乂治之爾。夫君而不能治民。烏在其爲君乎。今有夏桀爲人君。而肆行昏德。暴政虐刑以殘民之生。民被其毒害。如墜（陷）在泥塗炭火之中。上天傷萬民之無主。乃篤錫我王以智勇之德。此其所以使其伐罪弔民表正於萬邦之上。而纘（子管反）繼禹舊所服行之道也。

茲但率循厥典常以奉若天之所命而已何斷之
有哉且夏王無道有得罪於天而亦自知民心不從
也故矯詐誣罔託爲上天之意造作虛詞以宣布命
令于下民人皆無如之何上帝用益不臧其所爲式
我商爲可與乃使受顯赫之命用爽明德於厥師衆
又觀夏王之所任用者率皆小人而簡慢賢人阿附
權勢相結爲朋黨實繁有徒屬肇我商之造邦于有
夏也爲桀所惡若苗中之有稂莠必遭鋤治若粟中

之有糠秕必被簸揚有不可竝存者我商衆無小無大戰戰然罔不懼于非辜之誅凡有道之見惡於無道其勢固然也而矧予之德之盛稱言之則一一饜足人聽聞尤夏桀之所忌乎惟我王不邇邇聲色爲其所蠱惑不聚殖貨利以剝削民財此其心之本源澄澈無一毫人欲者如此推此心以處人故有德行懋盛者便從而懋盛其官職有功勞懋盛者便從而懋盛其賞賜而無德無功者不得以濫及

焉。推此心以處己。故用人之善。惟若己有之。改己之過。曾不毫末係吝。至於臨民之際。則克寬（能）而不失於縱。克仁而不失於柔。我王君德之彰著。信孚於天下兆民。若如此。是其所以足聽聞也。方是時。葛伯廢其先祀。王使亳邑百姓。往耕種以供其粢盛。乃葛伯爲仇饟於我民之饋餉（式亮反）者。殺童子而奪黍肉。其肆虐至此。王不得已。初征實自葛國始。遂并征討天下無道之國。四方之民。望王師來救其疾苦。望而不至。反出怨言。王往東方征討則西夷之人懷怨望。王往南方征討則北狄之人懷怨望。乃相謂曰。我等均之被害。王奚為先救彼而獨後予耶。王師攸徂征之民與其室家妻子相慶曰。我等困苦無聊。專徯予后來救久矣。今我后來除去暴政。廣布仁恩。我之免於塗炭。其如死者而復蘇乎。由此觀之斯民之愛戴歸往於我商者厥惟非一日舊來如是哉。王不必以得天下為懃。但當思盡君道以奉承天命也。抑夫待諸侯之道。

眷佑其賢才輔助其有德彰顯其忠誠遂成其良善兼弁懦弱不能自存者攻伐闇昧不能自立者滅取悖亂之國戮侮危亡之身然而其所以兼攻而取侮之者非得已也因而推其自亡耳其所以佑輔而顯遂之者非容私也從而固其自存耳好惡一出於公而刑賞各當其則王能如此則邦國乃其昌盛矣誠使其德篤實輝光日新不已則不但近者悅服萬邦之遠惟亦愛戴而懷歸之若其志自滿假侈然放肆

則不但遠者攜貳。九族至親。乃亦將背畔而離心矣。故王當懋昭明其大德。以建立中正至道于萬民之上也。而其所以建中者。在於以義裁制百事之可否。以禮撿制一心之過差矣。如此。則豈特可建中于民而已哉。雖垂貽此餘裕於後昆子孫可也。予嘗聞之曰。凡人君能自求得人臣之可師法者。必王天下矣。若自以爲是。謂人都莫已若者。其國必滅亡矣。故切切然好問。則見聞日廣。綽乎其有餘裕也。偏愎自用。

恥於下問則聰明日塞。終於狹小而已矣。嗚呼。天下之事。欲慎厥終惟於其始圖之。今王受命之初。尤當圖之。封殖有禮者覆昏暴者。欽崇（敬尊）上天福善禍淫之道則可以永保今日所受之天命於無窮也已。

湯誥

史臣記。湯王既歸自克夏至于亳（旁各反）都。而天下諸侯率職來朝焉。湯乃作誥文誕（大）告萬方臣民以與天下更始。湯王之言曰。嗟乎。爾萬方有衆。當明聽予一人之誥詞。夫人所以有仁義禮智之性者，本惟皇大上帝化生之初，降下此衷正道理于下民，渾然在中，無有偏倚。下民既稟此道理，只若其自然，便都有此仁義禮智之恆性。由此而行之之謂道，是古今聖愚之所同有也。然至於氣稟，則不無清濁純雜之異，是以人皆不能全其性而安於其道也。若要使人人都克綏安於厥猷，則其責惟在乎為后者而已。今夏王身既任綏猷之責，卻乃滅其賦予之德，但作殺戮之威。

以播敷此凶虐于爾萬方百姓。爾萬方百姓都罹（鄒知反）其凶害弗能忍如荼（音徒）之苦口毒之螫（蛇虺之類）人殆無一人得以聊生者矣。故衆口稱冤。並告訴無辜于上天下地之神祇。以望其解救。天道至公。降福祥於爲善者。降禍災於爲淫者。今夏之淫虐既已結怨於民。正天道之所必禍者。故降災異于夏。以彰明厥罪惡。以示之意嚮焉。是肆（故）台（我）小子奉將（行）天命禍淫之明威。不敢赦夏桀之罪。而必伐之。然征伐大事。我惟聽命於天而不

自專也。遂敢用玄牡之牲。敢昭告于上天及神后。以皇天 后土
遂
請聲其罪而攻有夏。又恐一人不能自爲。聿簡求元
聖若伊尹者。與之同心戮力。伐罪弔民。以與爾有衆
百姓請更生之命於天焉。上天居高聽卑。冥冥之中。
信
孚佑下民。故我兵一舉。罪人夏桀。卽奔走於南巢
之地。竄亾而黜伏。可見上天禍淫之命。斷弗僭差。如
彼義及文
此。是以民之免於凶害者。初則荼然憔悴。今則賁然
之著 信
若草木。鋪榮欣欣。生意可觀。兆民之衆。允乎其生殖

矣。天之佑此下民。豈不信哉。今罪人既出兆民無主。天乃俾予一人任綏猷之責輯和安寧爾邦家舉兆民生殖之命。而寄於我之一身。上天付託之重如此。茲顧朕躬涼薄。未知獲戾（罪）于上天下地。豈不上負皇天付託之重。下孤生民仰望之心哉。用是慄慄然日夜危懼若將墜隕于深淵之中矣。凡我四方新造之邦。有土之君都有承天長民之責者。亦無或恣意而從於匪彝（法）無或縱欲而即（就）於慆（他刀反慢）淫其各恪敬守爾之典常而輔我之輯寧以共承上天之休命可也爾等若有善朕弗敢隱蔽必加顯揚若罪當朕之躬而有之亦弗敢自赦必引以爲己罪惟其有善與有罪一一簡閱都在於上帝之心皆當各盡其道矣然天既命我爲萬方之主則我之責爲尤重故其爾萬方之民有罪犯法是在於予一人不能教養斯民其責不可得而逃矣若予一人所爲不善有得罪於天則無以爾萬方爲共有咎矣嗚呼今予一人與爾造邦

諸侯固皆有其始。然未易保其終也。尚（庶幾）克於時（是）輯寧之責。守典之忠而各忱（時壬反）信焉。乃亦可有共保其終也已。

伊訓

史臣記。惟太甲即位之元祀（年）十有二月乙丑之日。尚居仲壬之喪。未親祭宗廟而伊尹以顧命大臣。居冢宰之位。乃代祠祭于商之先王奉嗣王。敬祗見（形甸反）厥祖。告以即位改元之事。時侯服甸服羣后來朝見新君。

咸在其位與朝廷百官各總己職權以聽命於家
宰伊尹以凡事當謹始太甲嗣位之初守成之道唯
遵祖宗之爲要乃明白言烈祖湯王之成德以訓告
于王其言曰嗚呼天人之感應國家之興亾今當郎
前代觀之古昔有夏之先后大禹精一執中克勤克
儉方其懋厥德之時宇內協和罔有天災邪沴之干
以山川則莫安其位以鬼神則歆享其祀亦無崩溢
怨恫之患各莫不寧焉下暨于鳥獸魚鼈飛走鱗介

之徽咸若（順）適其性並育而並生焉天眷之隆如此及
于其子孫夏桀弗率循其祖德肆行暴虐則皇天赫
然震怒降下災異以明示其罰因假（借）手于我成湯之
有天命者以誅之無復如前日之眷佑矣然天豈故
薄於桀而厚於我先王哉蓋造可攻之釁者自桀積
惡於鳴條（夏都）而朕湯王德之修則哉（始）自亳（殷都）都惟我商王
成湯奮義理之勇而興師以伐之布昭其聖神武威
於天下乃代有夏暴虐之政以有商寬仁之德故兆

民莫不允信其志在救民而懷服焉者矣。今王所以嗣續厥祖成湯之德者罔不在於卽位之初。然謹始之道不止一端。而莫大于孝弟。故王欲使天下之人皆知愛其親。必先植立其愛。惟以親吾親。則凡有親者。皆以吾之孝爲準則矣。欲使天下之人皆知敬其長。必先植立其敬。惟以長吾長（竹丈反）則凡有長者。皆以吾之弟爲準則矣。由是始而刑于家邦。則一家一國之人。莫不有所觀感而興于仁。興於讓焉。終而及于四海。則四海九州之人。亦莫不有所觀感。而親其親。長其長焉。嗚呼。天下不可一日而無綱常倫理。夏桀滅德作威。廢壞綱常倫理。至我先王成湯。肇（始）修復人紀。而綱常倫理粲然復明於天下。其從善。則虛心聽受。從臣下之諫諍。而絕弗一毫咈（扶弗反）逆。其用人。則唯先民舊德之時若（是）。順而不用新進浮薄之人。其居上。則克聰明。聽斷不惑。邪佞莫欺。其爲下。則克忠。盡獻可替否。職責不怠。與人之善。則常存恕心。不責求全備。檢束其身則工夫嚴密。唯若有不及。湯之修人紀者如此。是以德日以盛。業日以廣。自有七十里以至于有萬邦。四海其積累創造之勤。茲惟艱難哉。且不但修人紀。又敷求明哲賢人。俾之布列庶位。以輔佐于爾後來相嗣爲君者。又制爲官府之刑。以儆戒于有位之人。其詞曰。敢有無晝無夜。而恒舞于宮。縱酒沈湎。而酣（戶甘反）歌于室。其所爲與夫巫（音無）覡之歌舞。以事神同一。時之謂巫風。敢有貪惏淫媟。殉（松潤反從）于貨利女色。流連荒亾。恒于遊觀畋獵。過而無度。蕩而不檢。是時之謂淫風。敢有侮慢聖人之言。拒逆忠直之諫。疏遠［于願反］耆［巨夷反］年有德之賢士。狎比［毗志反］昵頑愚無知之童子。善惡倒置。愛憎悖理。是時之謂亂風。惟茲三風十愆［去乾反］。最爲敗德害事。只此十愆。爲卿士者有一在于其身。則其家必喪［息浪反］敗。爲邦君者。有一在于其身。則其國必亾滅。況爲天子而有天下者乎。夫爲君而至於喪家亾國。固其所自取。而爲之臣下者。亦苟或坐視而不匡正其君。則其刑之以墨辟矣。然不惟徹于有位之臣。又具以是教訓于童蒙始學之士。使之他日出仕、爲官知所徹省、而不蹈於刑辟也。嗚呼。嗣王當以三風十愆之訓。祗之於厥身。念焉而勿怠忽也哉。蓋此訓詞經畫於先王之心。乃聖人之謨。而其用甚大。何其洋洋然乎。發揮於先王之口。乃嘉美之言。而其旨孔明。又何其彰顯矣乎。且惟上帝之命。去就不常。作善則福祿咸臻。而降之以百祥。若作不善則菑害竝至。而降之以百殃。故爾惟修德罔小。善而不爲。日積月累。漸至於大。則萬邦惟長治久安之慶基於此耳。爾惟不德罔大。以非大惡而爲之。但惡雖小。而可懼也。覆墜厥宗。斷絕其祀者。亦不過由此以致之耳。蓋其福善禍淫。天道昭然不爽。如此。此之謂天人之感應。即爲國家興亡之所係。嗚呼。爲人君者。其可不戒哉。可不懼哉。

太甲上

史臣記。惟嗣王太甲即位之始。乃狎比群小。不能惠順于阿衡伊尹之訓伊尹乃作書以告太甲曰天位至重非有大德者不足以居之我先王成湯省顧諟上天所賦之明命而常目在之以奉承上天下地之神祇社稷宗廟之鬼神罔不祇敬嚴肅是以上天監視厥先王之德足以代夏乃用集非常之大命於其身使爲生民之主而撫綏萬方之衆惟我尹躬亦克盡心竭力以左右厥辟先王居宅師衆以使各得其所矣肆爲嗣王者得丕承此無疆之基緒也惟尹躬

嘗自後就先遠見于西邑夏之先王。如大禹帝啓諸
君。皆其德自周而無缺。享國長久。永保天命而有善
由忠信
其終。故當時輔相之臣。亦惟得以保其爵祿。與國咸
休而有終矣。其後嗣王夏桀昏迷不恭。矯詐誣罔。以
喪身亡國。罔克有終。時爲輔相者。亦與之同其戮辱。
罔能有終。可見君臣一體。休戚相關。從來如此。嗣王
今日可不以前代之事爲監戒乎哉。唯敬祗修爾厥
君 君 君
爲辟之道之爲要。若辟而不修爲辟之道。則基緒之

丕承者。不能保終。而忝辱厥祖矣。王視此書。惟以爲庸常之言。罔所念而聽聞之。伊尹乃復口陳而言之曰。我先王成湯孜孜爲善。不遑寧處。日日昧爽欲明未明之時。必澄定其精神。洗滌其念慮。以丕大顯其德。凡有心思之所得。事理之當行者。則汲汲然坐以待天之日。舉而行之。常若有所不及。又恐後代子孫。溺於宴安。荒於逸樂。而不能率循其道也。乃旁求四方俊秀彥美之士。以啓開迪導後世爲君之人。故爲後人者。正宜仰體其心。祗法其德耳。其可無顚越厥求賢啓後之命以自取覆也。王自今以往。愼乃儉約之德。制節謹度。凡一切奢華逸樂之事。皆絶而勿爲。惟可以懷永久之圖謀也。當若虞人之弩機。既張。不肯遽然輕發。必往省察矣。括于其準望之法度。括與度相合。則發釋矣。必欽敬厥中正道理。所當止處。而率循乃祖成湯攸行之事。如虞人省括于度。則惟朕之心。深以悅懌而萬世之下。稽古尚論者。必有稱譽我王之辭

汝 弩牙 省（息井反） 循

矣。王其可不勉之哉。王聞伊尹之言。雖不能無所感動。然舊習深痼。尚未克變改也。伊尹乃私計之曰。我茲觀乃王之所為。多不義之事。蓋其習染深痼。如與天性俱成。此必其左右有導之不義者。予弗可使王狎習于弗順義理之小人。於是營于桐而造宮室。使之密邇先王成湯之墓。以朝夕哀思。興起其善。其以是訓之者。欲無俾一世迷惑而不悟也已。王既徂於桐宮居於憂三年。果克自怨自艾。處仁遷義。盡改其平日之非。遂得終其允信之德者。蓋伊尹之力也。

太甲中

史臣記。惟三祀十有二月朔。太甲既悔過。脩德。而又當喪服已終。伊尹乃以袞冕吉服奉迎嗣王太甲自桐宮歸于亳都。伊尹作書。以深致其慶幸之意曰。君者民之主。民而非后以治之。則罔克胥匡以遂其生。此民所以不可無君也。民者邦之本。后而非民以食之。則罔以辟於四方。此君所以不可失民也。昔

（音免冠）（旁各反）（君）（君）（君）

者嗣王爲群小所誤君民上下幾不相保商家基業甚有可憂幸而皇天眷顧佑助我有商陰誘其衷俾嗣王一旦幡然悔悟得以克終厥德然後民不至無君君不至失民自今以至子孫皆得以襲王之餘蔭實可謂萬世無疆之休美矣王痛悔前非乃拜手稽首致其敬師之禮曰予小子昏昧蔽惑不明于德以自底其身於不類猶不肖嗜欲無節以敗壞其處事之度縱肆不撿以敗壞其居身之禮以自速召之急取戾罪于厥躬先

王之基緒幾乎墜絶而不可保矣夫天作孽禍以垂儆戒或氣候偶差之類不必感召由人者猶可挽災爲和違而去之若人自爲不善以作孽禍則罪自我速不可得而逭免也我於既往之日背違師保之明訓而弗克謹于厥初矣自今以後尚賴師保匡救之德以圖惟能保厥終爾伊尹見太甲悔過求助之志乃拜手稽首以復太甲曰夫誠能省察克治愼修厥身而其允誠之德感動乎物自然能協和于下民此

君

惟明后為然也。而所謂明后。莫有過於我先王成湯

惠之若子

者。昔我先王發政施仁。必先子惠困窮之民。蓋至於

鰥寡孤獨。疲癃殘疾。尤其所哀矜也。則不翅視如

己子。而慈愛之。是以亳邑之民。咸服從厥命。罔有

不欣悅而愛戴之。亦如人子之於父母。不但本國之

民如此。當時侯伯並列。各其有一邦者。皆有人民。而

厥鄰於亳之民。苦國君之暴虐。亦莫不戴我先王。以

待君

為若乃相謂曰。我輩困苦。不得聊生。專徯我后商王

來救我后若來必能除暴伐惡我輩自今其無罹酷罰矣乎夫先王誠心愛物而得天下之人心如此今王嗣登大寶統承先業正當乘此怨艾之初懋脩乃德監視乃烈祖成湯之所爲以爲模範而惟日孜孜無有一時之逸豫懈怠然懋德之事何如以奉祀祖先則思盡其孝而舊章成憲務遵守而不忘以接見臣下則思致其恭而動容周旋皆莊敬而有禮所視者遠而不蔽於淺近當惟明也所聽者德而不惑於

儉邪。當惟聰也。吾王果能於是四者。深思而力行之。則朕且承王圖終之休美。知無不言。言無不盡矣。無敢有所厭斁也已。

太甲下

史臣記伊尹申言以誥戒于王太甲。曰。嗚呼。惟上天之命。或予或奪。初無常親。但人君克敬以自持。無一毫敢慢。則惟眷佑而親之矣。下民之心。或向或背。初罔常懷。但懷于人君之能有仁心者。而愛戴之矣。鬼神之靈。或格或否。初無常享。但享于人君之克竭誠者而降之福矣。夫敬仁誠三者人君之所當盡則居天子之位。厥惟艱難哉。能盡此敬仁誠。是謂德有德則自然天親民懷鬼神歆享。國惟治(直吏反)安矣。若夫否(俯久反)德則必然天怒人叛鬼神怨恫。國其擾亂矣。然致治之道理。古人已有行之者。若今所行與古人之致治者。同其道則太平之盛。罔不與起矣。其致亂之事迹亦古人有行之者。若今所行與古人之致亂者。同其事。

則禍敗之應。罔不亾滅矣。故人君自臨御之初。以至

歴年之久。終始不違。以愼厥所與。悉求與治同道。而

不敢一事苟同於亂焉。惟只明其明之后爲然而已。

豈中才常主所能及也哉。昔我先王成湯受天明命

而有天下。非有他道。惟時朝夕懋勉不已。敬修厥德。

凡敬仁誠之道。兼而體之。日新之功。不敢怠慢。故其

德與天合。用克君主萬方。而配乎上帝。盖眞爲天之

所親。而民無不懷。神無不享矣。今王爲先王之適孫。

嗣有令善之統緒。尚其監視乎茲。先王所以敬德配天之道。以爲法則哉。然其道則高矣遠矣。豈可以一蹴而至哉。必當順其先後之序。譬若升高山必自此下低處起脚。譬若陟遐路。必自此近邇處進步。夫然後可以馴致於高遠也。且夫無輕易民事。當惟稼穡勤動之艱難。無安穩厥位。當惟一日萬機之危懼。人情孰不欲善其終者。特安於縱欲。以爲今日姑若是。而他日固改之耳。然事固未有不善其始而能善其終者。故王當愼善其終于今日臨民之始也已。人君聽言。不當任情以爲喜怒。必須審察其理之是非。且有人之進言。犯顔色。觸忌諱。侃侃鯁直。以拂逆于汝王之心者。王於此當必虛心審察。求諸道理。未可以爲拂意而遽拒之也。有人之進言。頌其美。承其意。唯唯和柔以遜順于汝王之志者。王於此當必虛心審察。求諸非道理。未可以爲順意而遽善之也。嗚呼。我前所言。都是剴切於治道。王莫徒聽之。若徒聽而弗加思慮則胡（何）由而能獲乎。既思而得之。亦若徒思而弗肯實爲。則胡（何）由而能成乎。人君一人苟能思而得此理。能爲而成此事。有此元良（大善）之德。則萬邦之人自然有所感發。皆相率以貞正矣。夫率由舊章。君道之當然也。故爲君者。罔以喋喋辯言而變亂祖宗之舊政。事功圖成。臣職之當然也。故爲臣者。罔以貪戀寵利而恬居自己之成功。君臣各盡其道如此。則邦國其永孚（信）于其休美。必然無疑也。王其思之哉。

書經插解卷三

書經插解卷四

讚岐　河田興猶興　述

咸有一德

史臣記太甲君德既成。堪以承繼成湯之業。伊尹既復還其所攝之政於厥辟（君）太甲。將告老歸於其私邑。猶恐去位之後。太甲修德不終。乃陳戒于太甲以一德曰。嗚呼。人君之奄有四海。固莫非上天所命。然皇天無親。難可憑諶（音忱，信）其命之去留遷易。曾靡（無）定常。然亦但觀人君之德何如。誠為君者。能杜絕私欲。常存厥

德不使間斷則天命亦有常而長保有厥位矣若厥德靡常爲私欲玩好所搖奪則天命亦遂去而九州

常

之有必以亾矣昔夏王桀弗克庸其德褻慢神明不知恭敬以奉祭祀暴虐下民不能施惠以收人心是以皇天厭棄之弗加保佑監視于萬方之中啓廸於

導

有天命者而眷求有一德者俾之居天位而作百神之主所謂厥德靡常九有以亾者夏桀是也方上天眷求一德之時天下無足以當之者惟我尹躬曁我

及

先王成湯咸有純一之德臣主一心上下同德故克（能）享（當）上天眷求之心而受上天顯明之命以有九有（九州）之衆師爰改革夏建寅之正朔而爲建丑是非天私厚於我有商也惟天無親唯佑于有一德者我商之君臣既同有一德是所以天心降鑒自申其保佑之命也故非商求于下民也惟民歸于我一德耳人君之德惟若純乎天理而一則凡有所動作自然上合天心下得人心罔往而不吉人君之德若雜乎人欲

而二三則凡有所動作必然上拂天心下逆人心罔往而不凶惟當吉便吉當凶便凶不有一毫僭差而在人之所為者惟以天之降災降祥在其德之純雜何如也今嗣王方自桐歸亳新服行厥天子之命而即政臨民乃天命人心繫屬之初吉凶災祥判別之始惟當圖新厥德痛洗舊染之汙復其本然之善而可也然新德之要貴乎有常終始惟一而無間斷時（是）乃日日而新其德也吾王既盡新德之功又當求輔

德之助。然輔德惟在用人。而用人必求其當矣。任諸司百職庶官。惟當選賢而有德。能而有才之人。左右輔弼大臣。責任極重。惟當尤妙選其負荷大事之人。所以然者何也。蓋人臣職分雖有大小不同。然其爲上也。則爲君之德。其爲下也。則爲民之生。夫臣職所繫其重如此。若任用非人。則上無以弼成君德。而下無以奠安民生。國家之事日壞矣。是以人君於未用之先。其必可難於任用矣。不可輕易授職。其必可愼於聽察矣不可以言貌取人所以防小人也於既用之後惟和而可否相濟彼此交備惟一而信任不貳終始無替所以任君子也凡用人之要如此於吾王新德之助不既多乎又有取善之要法焉夫人必有所師法而後能成其德然執一而求之則隘矣故德無常師惟當主其善之所在便取以爲我之師法凡有一言之合道與一事之可法者我兼收之而無遺則天下之善皆我之善矣然善之在人無窮若逐一

而主之則雜矣。故善無常主。惟當以其所取之善而
協合于吾心而克一之也。吾王之新德至此則其號
令以感動乎人心。將俾萬姓衆口一詞咸稱曰大矣
哉吾王之言也。然不特贊王之言。而因以知王之心。
又稱曰一矣哉吾王之心也。是其稱頌之至。可知其
愛戴之同矣。果如此則吾王克綏保先王之天祿。而
永底烝民之生理可必矣。夫一德效驗之大如此。吾
王其勉之哉。嗚呼。人君脩德行政。其賢否之彰於天

下後世者亦已著矣。彼七世之廟。祀有定制。親盡則在所遷。必其人有盛德。然後可以稱宗不毀。苟無其德。將不免於祧矣。是卽廟之遷與不遷。可以觀德之脩否也。民庶之情。從違靡定。爲萬夫之君長者。必其所行之政。合於民心。然後愛戴而歸向之。苟失其道。將不免於怨叛矣。是卽民之服與不服。可以觀政之脩否也。且夫兩貴不能以相使。令后而非民。則孤立無助。罔所使。令兩賤不能以相事。民而非后。則渙散無統。罔所敬事。君民相須如此。爲君者固不可忽乎民矣。要必虛心以受天下之善。無自以爲廣大聰明。而以狹隘淺陋視人矣。夫道之在天下。雖匹夫匹婦。亦有可與知者。但有一人不獲自盡其誠。則爲民主者。罔與以成厥一德之功矣。此所以當取民以爲善。不可自廣以狹人也。

盤庚上

史臣記。昔成湯建都於亳。其後子孫屢遷。至祖乙都

於耿。至盤庚時耿又有河決之害。故欲率民以遷都
于殷。而當時之民。皆安土重遷。不肯往適有居。盤庚
不得已。乃總率籲〔音兪　吁〕衆慼〔憂〕之人。出矢〔誓〕言告之以遷都之
利。一一曉諭之。乃曰。我先王祖乙初來耿都焉。既而
爰居宅于茲地。實以此地可居。而重我民之生。欲無
盡〔子忍反〕陷之於劉殺之地耳。今民不幸。困於水災。流離散
處。不能胥〔相〕匡救以全其生。是乃天變使然。非人謀所
能及。我因此卜。而稽〔考〕之曰。此地墊溺已甚。亦其無如

台（音怡我）何。夫天命昭然如此。爾民可不從而圖遷哉。且我商先王每遇國家有大政服事。必誓之於恪謹天之命。不敢違越。茲猶不敢常安寧。又不常安居厥邑。故于今五遷厥邦矣。是豈先王好勞哉。乃天命之不容已也。今耿不可居。然不承于古昔先王而遷。且憯然罔知上天之斷絶我命。而矧曰其克從順先王之大業功烈。以保國祚於無窮乎。舊都已不可居。新都幸有可就。若能從而遷。則易危爲安。轉禍爲福。

譬若顛（仆）木之又有由蘖（牙葛反木生條）也。但見國命幾斷而復續先業垂墜而再興。是天其將永長我國家之命于茲新邑。使我繼紹興復先王之大業以底安綏四方之民矣。是國命之斷續先業之興廢民生之安危惟繫於遷不遷之間耳。爾民可不審所從哉。盤庚斅（胡教反）于民。必由乃在位之人始而其所以教在位者惟以先王常舊遷都之服（事）以正今日之法度。凡為臣者皆當仰體君意以奉承其旨也。其大意曰無或敢隱伏我小人之以當遷之言攸箴規於我者。王告臣之意若此。於是乃命臣民衆庶悉至于庭以聽教命焉。王若曰格汝臣民之衆。予其告汝以訓言。汝謀猷黜去乃私心無得傲慢君上之命而從目前之康安。古昔我先王凡有大事皆不敢獨任一己之私。亦惟圖謀委任（如鳩反）爾世世舊家之人與之共政事。然先王固能任舊人。而舊人亦不負所任。凡國有大事。先王所出號令播告之修治者則舊人能爲之奉承宣布。不敢隱匿

來　汝　毋

厥先王憂恤民瘼之美指矣。故先王用僉丕加敬欽而任使之。又罔有逸言以惑衆聽。故小民用翕然感化。丕變易。先王之臣其賢如此。今我之任汝無異於先王。汝空以舊人之事先王者而事我可也。顧乃倡爲浮言以阻遷都之議。凡其聒聒（古活反）多言貌然起信於民者率皆險邪膚淺之說。都不是正大深遠之議論。予弗知乃所以紛爭論訟者果何謂也。豈不有愧於舊人哉。夫遷都之議非予輕易勞民動衆自廢荒茲愛民之

德其實欲爲民圖安耳。惟汝含掩遮蔽予之德意。不

畏

惕予一人。若將以我爲可欺者。不知予看汝等傲

上。即安之情。若觀火。昭然明白。而無所隱蔽也。但予

亦拙於爲謀。優柔姑息。以釀作乃之過逸。無奈何耳。

汝

雖然。以下從上。理之當然。譬若魚網之在綱。綱繩綱繩

提起。則細目隨而張。各有條理而不紊亂。今君者臣

(音問)

之綱也。若君令而臣不從。是綱舉而目不張矣。有是

理乎。然則汝不可不以傲上爲戒也。且天下之事。不

一勞若不永逸譬若農夫服勞于田畝用力於稼穡
雖是勤苦乃亦有到秋來卻得收成之利今遷都雖
勞而他日安居樂業實在於此然則汝又不可不以
從康爲戒也汝果克黜去乃傲上從康之私心眞爲
斯民趨利避害以施實德于民且至于爾之婚姻僚
友皆莫不蒙其澤則汝於此時不乃敢大言于人說
以汝家世世有積德而不失之於誇耳若今之苟悅
小民何足以爲德乎今耿圮河水乃不畏戎毒于遠

逷。憚勞不遷。則終無去危就安之日矣。譬如懶惰農

夫自務偷安。不肯昏（音敏，强）力作勞苦之事。不服田畝。越（語辭）其

罔有黍稷之可望矣。從康之害如此。今汝於人情憂

疑之際。乃不肯和同吉行言語于百姓。而反陰沮遷

都之謀。則非但害民而已。惟汝自生毒害。乃降於敗

禍姦宄之罪。以自災于厥身耳。乃既先倡惡于民。則

首惡之誅。必不能免。是乃自奉承其恫（音通）痛也。汝於此

時雖自追悔其身亦何及哉。我相（息亮反）視時憸（思廉反，小民）民之中。有

明於利害者。猶知胥與顧慮于箴規之言。但其言一發汝等訓有過逸之口舌。紛紛排抑之。使不得達汝猶自恃其口。爲可以制人矣。矧予操生殺之權。能制汝乃短長之命。可不懼乎。汝曷弗以小民之箴言告朕。而胥共動搖斯民。以浮言。又恐沈于衆。以禍患罪惡。即皆汝之禍患也。汝之罪惡也。一時人情爲汝所惑。雖若無奈何。然以我制命之權而殄滅汝。亦何難之有。譬若火之燎（盧皎反）于原野。其初雖不可嚮（音向）邇。然其猶終

（普卜反）
可得而撲滅之。汝何所恃乎。然如此。則亦惟爾衆自
作弗安靖。以速禍於己耳。非予有過咎。樂用刑威以
（如林反）古之賢人
加汝也。傲上之害如此。可不戒哉。我聞遲任曾有言
曰。朝廷用人。當惟求夫世臣舊家而用之。以其練習
故事。通達人情也。若夫用器則非必求舊。惟取其制
作之新而已。今諸臣皆我國家之舊人。我不能舍汝
而他求矣。汝可不思體我之意乎。古昔我先王暨乃
及
相與
祖乃父君臣一心。胥及同逸與勤。是乃祖乃父。我先

王之功臣也。則汝爲功臣子孫。國家所當優禮。苟有
罪過。予豈敢動用非所當罪之罰以加汝乎。我國家
世世選錄爾祖父之功勞至於予。亦不敢掩蔽爾祖
父之善。茲予大享祀于先王。爾祖其亦以功臣相從。
而與（音預）配享之於廟。在天之靈。昭著森列。以作福作災。
凡賞善罰惡之事。神實降臨之。汝爲子孫者。苟無功
勞。予亦不敢動用非所當惠之德以私汝也。予告汝
于遷徙之難成。但我之志意已定。利害已審。譬若射（食夜）

反

者之有決志於中。一定而不可移也。今小民之中。或老成。或孤幼。有明於利害。而以爲當遷者。汝無侮老成人以爲耄荒不足聽。無弱孤有幼以爲蒙昧不更事也。惟當各圖長久之利于厥所居。勉出乃汝之力。而不狃於從康。以聽予一人之作謀猷。則庶幾乎圖任舊人之心亦無負矣。凡汝羣臣。都無有遠邇親疎。但不從遷。便是用罪爲惡之人。我則刑戮是加。伐猶誅厥死罪而不赦。從我而遷。便是用德爲善之人。我則爵賞是及。彰厥善行而不蔽。蓋邦之臧則惟汝衆從遷之故耳。然則用德者。安得而不彰之耶。邦之不臧。則惟予一人縱惡不誅。有佚其所當罰以致此耳。然則用罪者。安得而不伐之耶。蓋今日賞罰之典。有斷乎其必不可已者。汝其可不念哉。凡爾羣臣之衆。其惟以我言轉相致告。戒自今日以始。至于後日遷徙之時。各恭爾所幹之職事。而毋或怠忽。整齊乃所守之位。而毋或違越法度。乃口舌而毋或放肆。惟務同心奉上以成遷都之舉則庶乎用德而有賞矣苟或不然則罰罪之典將及爾身而弗可悔也。

盤庚中

史臣記盤庚自耿作起惟將涉南河以臣民以遷都於殷是時其心尚懷猶豫盤庚乃但以話言曉諭民之弗率者然其誕（大）告乎民又只用亶（當但反）誠懇惻之意當其有衆咸造（七到反）之時先戒以勿得褻（音泄）慢在王之庭都整齊嚴肅專聽上命盤庚乃登進厥民於前而面告之

曰汝民明聽朕言必須遵信奉行無敢荒失朕所命而不從也嗚呼古昔我前后如成湯仲丁河亶甲祖乙之爲君也罔不惟民生之承敬故民亦保愛其后胥與慼其憂君民一體上下一心是以卒能避害就利舍危從安鮮以不人力之勤浮于天時之災矣先世君民其相與禦災捍患者如此其在今日爾民何獨不然哉昔我殷邦河水爲災天降大虐先王不敢懷居厥攸以興作而遷徙者本爲人情莫不欲安但

視民有利則用之以遷而已此先王之事我之所聞
者也汝曷弗念我遷都之舉乃惟古后之聞而非創
爲於今日者乎蓋我所以敬承汝民命而俾汝遷都
者唯喜與汝避河水之患以康居之可與共非爲汝
有咎比附于罰而謫遷也予若是所以招籲懷來於
茲新邑者亦惟因汝民蕩析離居之故欲與之共享
安康正以不從爾厥本志也耿被河患則民危而邦
亦危矣故今予將試以汝民遷都以安定厥邦家故

爲此擧耳。汝不憂朕心之攸困苦。乃咸大不肯宣布

汝乃腹心敬欽思念以忱（時壬反　誠）意感動予一人。是不能如先

民之保后胥慼矣。則爾惟坐待水患以自取此鞠（窮）自

取此苦。譬若乘舟。裝載者可及時啓行。若汝遲滯弗

濟必臭敗厥所載（作代反）之貨物。今爾從上之忱（誠）。間斷不屬（音燭）。

安能有濟。惟胥（相）與以及沈溺而已。利害若此。爾民不

其或稽察焉。是雖自怨疾忿怒曷瘳（鳩丑反）於困苦乎。汝民

不謀長久之事以思量乃（汝）不遷之災禍。是汝安危利

生全之地耳。予思念我先神后成湯仲丁河亶甲祖乙之勞爾先人。其功不可忘。故予今圖遷以有家之利。丕克奉羞爾衆於生全之地者。用懷念爾爲先民之子孫。不忍坐視其沈溺而然也。我若不爲民圖遷。是失于安民之政。而陳居于玆也。則我高后成湯必丕乃崇降罪疾於我。曰。曷爲虐害朕民。坐視其沈溺而不救乎。是我之所以不能不圖遷也。汝萬民若乃不能自爲生生無窮之計。暨予一人共猷同心。而尚災。誕自勸憂也。如今其目前貪戀沃饒之利，固有今日，然將來決遭沈溺，而罔有後日矣。天將斷棄汝命。汝有何生理在上天乎。不遷之害其大如此。今予命汝當專一此心，從我遷徙，無起穢於廢反惡以自取沈溺之臭敗。吾恐浮言之人，引誘煽惑，偏倚乃身，迂雲俱反曲乃心，使汝邪僻而無中正之見。今汝命幾絶於天矣。故予命汝早遷都者，正以迓續乃命于上天，而使之更生也。予豈迫汝以刑威哉。特用以奉畜許六反，養汝衆，引而納諸

憚於遷徙。則我先后亦必丕降與汝罪疾曰

汝曷不暨朕幼孫有比而同遷乎。故汝不從遷。有此

逆理犯分之爽德。則先王自上其降罰於汝汝罔能

迪以自免也。古昔我先后既勞乃祖乃父以同遷矣。

今我繼先王而爲君。則汝共皆作我所畜養之民當

以汝祖父之事先王者事我可也。今河水爲患。而不

肯遷。以汝之故。有戕害生民。則是有戕害在乃心也。

我先后綏慰乃祖乃父言。爾子孫悖理抗君。我將加

之罰。乃祖乃父亦以大義難容。乃斷（都管反）棄汝而不救乃汝

死於先王之前矣。可不畏哉。然不但爾民為然。茲予

有（治）亂政之臣所與同天位者。若不肯為民圖遷。惟貪

沃饒之利。以具有乃貝（音背）玉為事。則乃祖乃父亦惡其

多取兼有

所為。丕（大）乃告我高后成湯曰。我子孫為臣不忠棄義

貪利。其作丕（大）刑戮于朕子孫。以討其罪。是汝等祖父

實啓迪我高后。丕（大）乃崇降弗祥。而災害必不可免矣。

嗚呼。今予告汝以遷都不容易（音異）之事。汝當永敬我之

所大憂恤無使上下之情背去絶遠而誠意不屬也。
我以安民爲猷爲念。汝必分我之猷念以相從共猷
念之同心協力期於相濟乃爲可耳。然欲體吾之心。
又必各當設中正之理于乃心而後不爲浮言之所
奪矣。乃有不吉不迪之人顛隕踰越不恭上命者及
暫時所遇爲姦爲宄。劫掠行道者我小乃加以劓大
則殄滅之無有遺留生育無俾易移其種于玆新邑
也。其往於新邑哉。可以定居可以興事而有生生之

樂焉。故今予將試以汝遷使汝永建乃家於此。是子孫無窮之業也。汝民何爲不肯從遷而尚戀戀於故土乎。

盤庚下

史臣記。盤庚既遷新邑。將建國都奠定厥臣民攸居俾無復向時蕩析離居之患矣。乃各正厥上下尊卑之位。而又慰臣民遷徙之勞。以綏安爰有衆之情焉。

盤庚乃曰。今新都既遷。綱紀粗定。無得戲侮怠惰。如往時之故習。必須盡心懋勉趨事赴功。以建我國家之大命。使之長久安寧可也。今予其敷心腹腎腸。凡胸中所蘊蓄者。都明白吐露。歷告爾臣民百姓于朕志。使爾等知凡遷都之意。本罔罪爾衆。庶之心爾衆各宜安心守分。無得共懷疑慮而有怨怒之意協合比附。而加讒謗之言於予一人。古昔我先王成湯將增多于前人建都之功。故適于山而居於亳。以還始祖契之舊都。於是地高水下。用得免河水之災降

除我國家之凶德。故能安居樂業而有成嘉美之績　功
于朕邦。家也。今耿爲河水所壞。我民用蕩析離
散。而居罔有定極之期。將陷於凶德而莫之救矣。爾　止
等以謂朕曷無故震動萬民以遷。爲此必遷之舉也。肆　故
上帝將復我高祖成湯之德。而亂越我國家。故黙牖　治　及
我心。使朕及二三篤敬之臣。相與計議而行以恭承
汝民垂絶之命。使之舍危就安用永地于此新邑也。
故　音充童
肆予沖人非不恤人言廢厥謀。而不用也。爾臣民之

音的至　用

中有能審利害之實而以為當遷者。乃弔由其謀之靈者。是我至公之心。豈有意於違衆哉。然爾衆亦各非敢故違我之吉卜也。亦惟欲用恢宏玆國家賁大之業耳。是爾愛國之情。亦豈有意於違卜哉。嗚呼。

善　大

邦伯諸侯。師長公卿。凡百執事之人。今百姓遷徙之初。生理未復。艱難之狀甚可憐憫。尚皆有所隱痛於心哉。予其將懋簡擇愛民之人。用以相導爾等使其各自念敬我之民衆耳。朕不肩好貨之人。若有

庶幾　勉　任

能勇敢於恭敬人民以其生生為念使惸獨可鞠之養
人與無告可謀之人之得保其居止者則我將敘而
用之乎之以爵祿欽而敬之優之以禮貌不但已也。
進
今我既羞告爾等于朕志之所在敢恭生生而若我順
之意者與否而好貨者爾等當深念之罔有弗欽我
所言也。切戒無總聚于貨寶以掊尅為能唯當保愛毋
周恤使人厚其生生以自成安民之庸也汝當兢兢民功
業業式以敷布為民之德自今至後日永肩任一心敬

而不替。則汝之愛民無窮。而民之受惠亦無窮矣。

說命上

史臣記。殷王高宗遭父小乙之喪。宅憂於亮陰中。三（居）（龍張反 烏含反 諒闇）年祀不言。及大祥之後。既免喪服。其尚惟弗肯視朝言事。當時在朝之羣臣。咸以爲過禮。乃進諫于王曰。嗚呼。人君以一人而居乎萬民之上。必其於天下事理。皆知之而無遺。名曰明哲。有是明哲之德。施之於政事。以總率乎百官。則天下之人。實皆仰之以作法則。

矣。今我天子以聰明首出之資。惟君臨萬邦百官顒顒然仰以奉承其法式。故王而發言則惟可以作命令於天下。苟或不言則臣下將罔攸稟命令矣。此王之所以不可不言也。王庸（用）作書以誥羣臣曰。我非不欲言也。實以台（音怡　我）居人君之位。將表正于四方。其任大責重。台（我）恐明哲之德弗能與前人相類也。茲故弗敢輕易發言。但常恭敬淵默。收斂此心思量治天下之道。我一念精誠。上通於天。夢上帝賚予以賢良輔弼其將論道輔致代予而言也。於是乃審記厥夢中所見之象。俾人以形像之圖旁求于天下。而有其名說也者。卜築於傅巖之野。其形貌惟正與畫圖相肖。果符於高宗所夢焉。乃聘之與談論則果大賢可當重任爰不次擢用遂立以作宰相加諸百僚之上。王又常置諸其左右以資其匡弼而聽其議論也。乃命之曰汝今在我左右當朝夕進納教誨之言以輔導台君德也。譬若金器必用礪石磨之而後快利今將用汝以作我之礪（力世反）石矣。譬若濟巨川必假舟楫而後能渡。今將用汝以作我之舟楫矣。譬若歲大旱。必得霖雨而後能霑潤。今將用汝以作我之霖雨矣。我之望汝納誨輔德既爲甚切。汝當披露悃誠大啓開（汝）乃之心胸。無所隱匿。用以滋潤沃（灌溉）灌於朕之心。使我於此道明白透徹也。人臣若不苦口直言以盡規諫之道。則我之過無由省改。譬若病人服藥弗至於瞑（眠見反）眩（熒絹反）。則厥疾必弗能瘳（愈）矣。人君之道。不講究明白。然後見之於施行，則鮮有不至於壞事者。譬若跣（蘇典反）足而行，目弗視地，則厥足必用傷矣。汝既作相，上佐天子，下統百官，惟暨（及）乃（汝）大小羣僚，當罔不同心協力，責難陳善，以匡（正）救乃（汝）之辟（君），俾我心無妄念過擧，以得率循我先王諸賢君繼述之道，而廸（蹈）履我高后成湯已行之迹，以康寧天下之兆民也。嗚呼，汝當欽承予時（是）命，汝之言其以思惟其事有終可也。於是傅說復命于王曰：人臣進諫非難，人君從諫爲難。譬惟木從大匠之繩墨用斧斤以斷削則端正平直可以為器用矣惟后（君）亦如是從臣下之諫諍則動無過舉可以為聖人矣吾后（君）果虛心從諫而造於克聖之地則凡為臣者雖不命而其將竭忠讜以承之況乎其命之如此疇（誰）敢不盡忠補過祇（敬順）若吾王之休命乎然則王不必求進言於臣而但求受言於己可也

說命中

史臣記惟傅說既受命於高宗居冢宰之職總領百

宮。乃陳說治道以進諫于殷王高宗曰。嗚呼。古昔明王奉若（順）天道之自然。制爲君臣之禮。先區畫天下之地。建立邦國。又於邦國中。設置都邑。乃樹后（君）王於大邦以統天下之治。立君公於小邦以統一國之治。又各承以大夫師長。使之居於大都小都以爲之輔。以尊臨卑。以下奉上。所以然者。不惟以天下奉一人。而自處於安逸豫樂之地也。乃惟體統相維。政事畢舉。正以亂（治）天下之民耳。故人君當法天以爲治。惟天至

公。聰無所不聞。明無所不見。惟聖人時能憲之。使此
心湛然虛明。足以兼聽四方。遠見萬里。惟臣由是亦
以君之心爲心。莫不奉公守法以欽若其上矣。惟民
見朝廷之政。至公無私。自然感悅服從以乂矣。人君
固當事事致謹。惟口舌言語。所以文身也。而輕出則
有起羞之患。惟甲胄（直又反）武備。所以衛身也。而輕動則有
起戎之憂。二者所以爲己。而當慮其患於人也。惟衣
裳所以命有德。必謹於在笥者。戒其有所輕予。惟干

是　法　順　治

戈所以討有罪。必嚴於省厥躬者。戒其有所輕動二

者所以加人。而當審其用於己也。王惟戒茲。四者。允信

茲而克明焉。乃政治罔不休美矣。惟天下之治亂。在

於庶官。故人君用人不可不謹。凡六卿百執事之官。

都是朝廷管事務者。不可及私所親昵（尼爾反）之人。惟其當

選材能之人而用之矣。公卿大夫士之爵。都是朝廷

命有德者。罔濫及包藏惡德之人。惟其當選賢良之

人而用之矣。夫以能授官。則官不曠矣。以德命爵。則

爲不濫矣。以是而任庶官，天下豈有不治者乎。夫其
所思慮皆善，而當乎理，然後以動焉。然又非其時宜，
猶無益也。故動惟當合厥時宜。以此應萬機之務，將
無所慮而不當矣。凡人學莫病於自足，故自有其善，
則已不加勉，而喪（息浪反）厥善矣。自矜（夸）其能，則人不效力，
而喪厥功矣。且禍患每伏於無形，故人君爲治，當
平居閒暇之時，惟先事其可爲之事，乃其有備焉。既
有其備，則雖忽然有意外之變，卒然有非常之事，而

慝之有餘力而無患矣。無啓寵幸而納人之侮矣。無恥過誤而作己之非矣。吾王當以此爲至戒也。人君一心乃萬化之本。故惟使方寸之中。湛然虛靈。寂然寧定。以安於厥義理之攸居止而不遷。則一矣。一故政事施爲。都從義理中流出。惟醇（音純）粹而不雜也。國家之祭祀。自有定制。若於定制外。非時舉之。則是褻黷（徒谷反）于祭祀。本以爲敬。而不知時（是）謂之弗欽也。其於禮節亦有舊規。不可煩多。禮若煩多。則必擾亂而不可行。

矣。欲以此事神。則其亦難矣哉。殷王高宗曰。旨哉說。乃之所言。使我聞于耳飫于心。惟我當服行汝之所言。守以爲訓。若乃不良善于其所言。則予之蒙昧。終罔所聞而措之于施行矣。此我所以深嘉汝之納誨也。傅說乃拜手稽首曰。天下之道理。非知之之爲艱。一一都行之於其躬。乃惟爲艱事。王若於此深加忱誠。不以躬行爲艱。而允能協合于我先王之成德。與之相符。而無間。則我之所言者。王不徒聽之。而實能行之矣。惟當今之時。而說猶有所隱匿而不言。則必有厭上負天子。下負所學之咎矣。

說命下

史臣記。王曰來矣。汝傅說。台小子舊日曾受學于賢臣甘盤。講究脩身治天下之道。庶幾有所發。既而先王欲我習知民艱。乃使遯居于荒野之間。後又入居宅于河內。又自河內徂至於亳。居無定所。學無專功。故舊業都荒廢。而於脩身治天下之道。暨厥終罔能顯然明白於心。今我將整理舊學。以求終之有成。不能不賴汝說之訓迪也。爾惟當獻納忠言。開陳理道。以訓敎啓發于朕之心志。譬若作酒醴（音禮）者。必資麴與蘖而後成。今我望汝涵養薰陶以釀成乎君德。爾惟我之麴蘖（起六反　魚列反）也。譬若作和羹（音庚）者。必資鹽與梅而後和。今我望汝調和參贊以爕理乎化機。爾惟我之鹽梅也。爾欲成我之德。亦必交修乎予。多方以規正之。委曲以維持之。庶幾我之心志。終得顯明。而可以副我之所望也。汝罔予棄。予惟克篤信。必邁行乃之所訓矣。

傅說曰。王其聽之。凡人於天下之言。務求多聞者。時惟正欲以盡衆人所長。以爲建事之資也。然時人見識終是不及古人。故學于古先聖王謨訓。乃能有獲於心矣。若是事不師古先聖王。而師心自用。任意妄作。以克永其世者。非說攸聞也。惟爲學之道。固在於求多聞學古訓。然義理無窮。必須卑遜其志。不敢有一毫自足之心。孜孜汲汲。務又時時敏求。温習其所已知則厥進脩之益乃如水泉之來源源而不竭矣若能允深切懷念乎茲則天下道理積聚于厥躬如貨財之積不可勝用矣夫道積於厥躬則體已立矣而能教於人者用之行也故人君惟斅人居學之半焉自自學以至教人一念終始典在于學無少間斷則厥德之所修有罔覺其然而然者矣德雖逮於罔覺而又當必監于先王成湯所定之成憲如此則其永無有愆過矣吾王法祖以至於無愆則惟臣說

必式（用）克欽承吾王任賢圖治之美意旁求以招引俊
乂之人分列于朝廷之厥位。使之同心以匡焉。吾王
但垂拱無爲天下何患其不治哉。王曰。嗚呼。傅說如
今四海之內咸引首擧踵。喁喁然仰望朕之德化此
豈我之寡昧所能致哉。時（是）由乃（汝）之風敎以聳動乎天
下耳。人之一身必股肱備而後惟可以爲人矣。君
欲爲聖人。必是良臣輔導然後惟可以爲聖矣。昔者
我商家開國之時。有先正保衡伊尹。應聘而起以振

作我先王之大業。時伊尹乃曰予若弗克俾厥后惟
爲堯舜之君。則其心中愧恥若被人撻于市上也。若
不能使其民爲堯舜之民。萬民之中有一夫不獲其
所。或啼饑號寒。或梗化不服。則曰時予之辜也。豈敢
讓之他人哉。夫伊尹之志如此。故其佐佑我烈祖成
湯。使兆民歸於允殖。以致其德業之盛。直格于皇天。
上下同流而無間焉。此伊尹之所以稱美於有商者
也。今爾既有伊尹之德。又居伊尹之任。尚明白一心。

保佑乎予。必使格天之烈。於今再見。罔俾阿衡伊尹之相業。獨專其美於我有商可也。且夫君臣相遇。自古爲難。惟爲后者。非得賢臣則不能共乂其國焉。惟爲賢臣者。亦非遇其后。則不能共食其祿矣。今我之於汝。與先王之於阿衡無異矣。其爾克使紹乃辟于先王之德。以永綏安天下之民。使亦無一夫之不獲焉。則於遭逢之盛。始無負矣。傳說乃拜手稽首曰。敢承對揚天子之休命矣。此說之志。而亦說之分也。

敢不竭力哉。

高宗肜（音融）日

史臣記。高宗肜（祭名）禰廟之日。越有雊（居候反鳴）於鼎耳之雉。夫野鳥鳴於廟中。殆天以是警其黷祀之失也。當時賢臣祖己（音紀）曰。我今進戒於王。惟必先格（正）王之非心。而後正厥所失之事矣。乃訓于王曰。惟天監視下民。其禍福予奪。惟（主）典厥所行之義。與不義。故天之降年。義則有永。不義則有不永。故人之不獲永年者。非天無故夭（於兆）

反

折其民。乃民之所行不義而中道自絶其命耳。斯民之中有不若（順）德而肆意妄爲。又不聽（服）罪而飾非拒諫。則天必既以妖孽爲孚信而戒命之。蓋欲使之恐懼修省以改正厥德。猶未遽絶之也。乃其人復悍然不顧曰。妖孽之生。特出於偶然。其將如台（我）何。如此。則天必不赦而誅絶之矣。嗚呼。天以斯民付之王。王之職。司（主）於敬民而已。徼福於神。非王之事也。又祖宗歷代都罔非天之胤嗣。今王承其後而典（主）其祀。無偏豐厚于昵廟。夫不務敬民。而務瀆神。一失也。不並隆於祖。而獨豐於禰。又一失也。天心仁愛。故出災異以告之。雊雉之異有自來矣。王可不戒哉。

西伯戡黎（音堪）

史臣記西伯周文王受命於殷。得專征伐。此時既戡（勝）無道黎國。三分天下將有其二矣。殷之賢臣有祖伊者。恐周德方隆。不利於殷。乃自私邑奔走來告于商王。庶幾王之改過以圖存也。曰。我殷家天子上天既以訖絕我殷邦之命脈矣。何以知之。蓋國家之興亾。其幾先見。而今格人與元龜。都知凶禍必至。罔敢有知其吉者。則天之絕我殷命。昭然可見矣。然我殷家之基業。自祖宗列聖相傳、到今。非先王不相佑我後人子孫。使之長守而不墜也。惟我王不法祖宗。不畏天命。淫亂戲侮。縱欲敗度。用自絕於天耳。故天心厭棄我殷。不復愛水旱饑荒。小民不有康食也。悖禮傷道。不虞度天然之本性也。紀綱廢弛。法度壞亂。不復迪率先王之舊典（常法）。而國不可以爲國矣。不但天心棄之而已。今我下民苦於虐政。亦罔弗欲殷之喪亾。私相告曰。今我等困苦至此。上天哀憐我民。曷不降威於殷而滅亾之乎。又有道之君。宜受大命（非常）者。曷不摯（至）而救我於水火之中乎。今我王決難久居民上。其將無如台（我）何矣。商王紂既聞祖伊之言。全然不知警懼。乃曰嗚呼。民雖欲亾我。而天既以我生於此。以主萬民。獨不有命在於天乎。小民亦無如我何矣。祖伊見紂不聽其言遂退反曰嗚呼乃汝今日所爲罪惡昭著（倉含反）固多參列在上而不可掩矣乃汝安能責望保命于天耶何其不自量也我見殷之即喪亾近在旦夕所以然者爲何益指乃汝王所爲之功事天怒民怨不可解矣決知不無戮于爾商邦巳矣

微子

史臣記微子爲帝乙長子見紂惡之日甚痛商祚之將亾乃呼箕子比干與之謀若是曰父師大師箕子少師孤卿

比干。我殷家失道。以今日事勢觀之。其弗有望。或亂（治）
正四方矣。夫人君所以表正四方者。以其能修德也。
昔我祖成湯懋昭大德。以底（致）遂功業。陳列于上。其垂
裕後昆者。蓋亦遠矣。而今日我子孫不以脩德法祖
爲務。唯用沈湎縱酗（呼句反）于酒。因用亂敗厥德于下。豈不
有忝於烈祖乎。故殷之人民。罔不無小無大。只好草
野竊盜內外姦宄（音軌）之事矣。不但小民爲然。雖卿士治
民者。亦皆彼此師師倣效。非度之事。互相容隱。凡有

姦宄辜(音孤)罪之人。都不追究。乃罔有恒(胡登反)獲其罪者。是以小民益無忌憚。方且鬨然而興。相爲敵讎。以衆暴寡。以強凌弱。國家法紀。於是乎蕩然無遺矣。事勢至此。今我殷家其必淪(音倫)喪亾。不可復救。若徒涉大水。茫乎其無津涯(音崖)。亦終於沈溺而已。豈意我殷家之盛。遂忽焉喪亾。乃越(語詞)至于今日乎。微子復呼而問拯亂之策。曰父師箕子。少師比干。今我王其乃發出顚(尺顚反)狂。用舍倒置。以使吾家老耄之人。皆遯遜于荒野。即有緩急將誰倚賴乎。今爾無明指示其意告予以顛隕隮（牋西反）墮之事。因圖所以維持而拯救之。則喪亂日迫而一敗不可收矣。其將若之何其（語辭）父師箕子答微子若是曰王子微子今日之事。畢竟天也。天毒降之。荐降災禍以荒殷邦。我王凶德。安危樂菑。毫無所悟。方興未艾只是沈湎縱酗于酒。勢至於喪亡而止。非人力所能救也。夫老成舊人。君所當敬畏而順從者也。（老成）我王乃罔畏畏。其所當畏。而咈逆其耉長舊有位之人而棄逐之。此老成人所以遁於荒野也。今我殷民乃有攘（如羊反）竊祭祀神祇之犧牷牲（色純體完牛羊豕）者。其罪大矣。爲有司者用以相容隱。不糾不肯盡法。又相將而食之。且無災禍。蔑法廢禮至此極矣。豈但草竊姦宄之不治而已哉。我今降監殷民。凡上所用以乂之者。無非讎斂（力忿反）之事。夫上以讎而斂下。則下必爲敵以讎上。下之敵讎。實上之讎斂以召之。而我王方且召敵讎不怠。君臣上下同罪相濟。皆合于一。故民多飢瘠而罔所詔告。

也。我既無救亾之計。但當有處亾之慮耳。我商家敗
德荒玆。國亂民窮。今日斷乎其有災禍矣。我爲宗室
大臣。廢興存亾。與國共之。寧與而受其禍敗耳。商祚
果其至於淪喪。則我亦終守臣節。斷罔爲他人之臣
僕矣。是我自處之道。不過如此。若王子一身之去就
則宗祀存亾之所關。故我詔告王子。惟出而遠去。乃
道
是其迪也。蓋我舊日以王子長且賢。曾勸先王立以
爲嗣。而先王不從。在今王必有疑忌之心。是我所云

無益於子。而反有剋害於子也。王子若弗出去。則必同受其禍。我商家宗祀。乃將顛隮。而無所託矣。王子縱不爲身謀。獨不爲宗祀計乎。今我爲商家之臣。則義當委身以盡忠。子爲王室之胄。則義當存祀以全孝。但各自靖其義之所當盡。而人人自獻達其志于先王而已。我則有死無二。而不復顧行遯者矣。蓋箕子之答如此。而比干獨無一言者。豈以安於義之當死。而無復言歟。

書經插解卷四

書經插解卷五

讃岐　河田興猶興　述

周書

泰誓上

史臣記惟周武王卽侯位之十有三年。孟春之月以

商紂無道舉兵伐之。是時天下諸侯不期而來大會

合于孟津。武王乃誓衆曰嗟乎。今我列國友邦冢君

及　治

諸侯越我本國御事之卿大夫庶士。凡相從軍旅者。

都欲精明一心審聽我告汝之誓。不可忽也。夫欲知

君道所係之重。當觀上天立君之心。惟天地長養愛育之心。卽萬物之父母也。萬物雖竝生於天地之間。而惟人得氣之秀。則於萬物之中。心爲獨靈。就人類中。又篤生亶（誠實）誠聰明之聖人。是其最秀而最靈者。遂立之作元后（大君）。而統御萬民焉。然天之立元后。豈徒尊崇富貴之哉。正欲使其撫恤愛養。作民之父母也。今商王受居元后之位。乃不知作民父母之義。侮慢自肆。弗敬上天。恣行無道。降災下民。此豈能居天位爲民主乎。其兇惡之事。固不可悉數。今特舉其大者言之。沈湎（彌兗反）嗜酒而不知厭。冒亂女色而不知止。其立心凶忍。則敢行暴虐之事。無所顧忌。加罪于人。不但誅其一身。并以其族屬而刑戮之。其以官爵用人。則不論賢否。但所喜之人。并以其數世子弟。悉加寵任。惟務爲瓊宮瑤室。高臺廣榭。築陂（班糜反）障鑿池沼。與凡侈靡之服事。竭民之財。窮民之力。以殘害于爾萬姓。不但此也。又爲炮烙之刑。焚炙（之石反）忠良。諫諍之臣。刳（空胡反）剔（他歷反）懷孕（以證反）婦人之肚腹其殘忍暴虐一至於此是以皇天震怒之命我文考肅將（敬行）皇天之威奉辭伐罪以救民於水火之中惜乎義兵未舉而文考遽崩是以大勲猶未成集耳（故）肆予小子發欲伐商以終其事然猶未遽伐之也嗣位以來十有三年嘗以爾友邦冢君之向背觀政事之得失于商使其懼而知警改過自新則我亦將終守臣節不復以征伐為事矣惟受則稔惡怙終絶罔有悔悛（且緣反）（改）之心乃酣飲縱樂夷蹲而居弗奉事

上帝及天神地祇之祭。遺棄厥祖先宗廟。而弗行享祀。凡祭祀供用之犧牲粢（音咨）盛（音成）。任其攘竊。既于凶人盜賊而不管理。天地祖宗之心。蓋已厭絕之矣。乃卻曰。吾有民社。吾有天命。以此自恃。略罔知懲戒其侮慢之失矣。上天佑助下民。慮其强凌弱。衆暴寡也。於是作之君。以主治之。使之守分。而無相爭奪。慮其昧天性。乖倫理也。於是作之師。以敎導之。使之去惡而同歸於善。故爲君師者。豈徒自貴尊而已哉。惟其鋤强過惡修道立教克輔相上帝之所不及以寵綏（綏安）天下四方之衆則夫有罪之當討無罪之當赦予曷（何）敢有越（過）用厥心志而擅爲好惡於其間乎凡用兵者必先料度（徒洛反）彼己然後可決勝負我聞之兩軍相對同其兵力則度量其平日行狀之有德與無德德勝則雖有力者亦不能與之敵矣若同其德行則度量其臨時出兵之有義與無義義勝則雖有德者亦不能與之敵矣今以商周之事較之受雖有其臣至億萬之衆

乃互相猜疑。各懷異心。惟億萬之心也。予雖有臣僅三千。然人人戮力。惟齊一之心也。是較其兵力已不能勝我也。又何論德與義哉。且夫商受窮兇極惡。日積月累。計其罪。盖已貫通滿盈矣。天厭其德。而特命我誅之。予若弗順天意以伐商。是容縱惡人抗違天命。厥罪亦惟與之鈞矣。故予小子畏天之威。夙夜

（古文）

祗敬恐懼。不敢自安。以伐商之舉。天本命之文考。乃先受命於文考之廟。又行類禮于上帝。求福宜于冢

祭社名　大

士皆以伐商之事告之。於是以爾有衆奉辭伐罪，底天之罰於商矣。夫天居高聽卑，然矜憐于民，但民情之所欲，天必鑒而從之，未有民心之好惡不上通乎天者也。今民欲亾商如此，則天意可知矣。爾將士尚輔弼予一人，除其邪虐，永清澄四海之內，而無濁亂之憂可也。是乃天人合應之時哉，弗可失也。苟失此時而不伐商，則撥亂反正無日矣。爾等可不乘時以立事哉。

泰誓中

史臣記惟孟春二十八日戊（音茂）午武王乃引兵從孟津渡河暫次（止）于河朔（北）之地方是時列國羣后各以其師衆畢會合而聽號令武王乃徇（循）於其師衆而發令以誓戒之因申告以伐商之意曰嗚呼凡從我自西土來之有衆將士咸來聽朕之言語我聞古人有言爲善之吉人意念所向在於爲善惟孜孜汲汲雖終日爲之而其心猶以爲不足也作惡之凶人意念所

向在於爲不善亦惟孜孜汲汲雖終日爲之而其心亦以爲不足也我觀今商王受之所爲孜孜汲汲力行無法度之事無少厭怠播（放）棄犂（黧通）老所當親近者昵（尼罽反音備）比罪人所當斥逐者又且淫於色酗（音煦醉怒）於酒以昏亂其精神縱肆威虐以戕害於百姓此正所謂凶人爲不善亦惟日不足者也臣之在下者見受之所爲如此亦皆化之而爲惡各朋黨於家相作仇（音求）讎脅（虛業反）以權命以相誅滅其惡流毒於天下無辜（音孤）受害之人無處控

誣只籲天告寃。故其腥穢之德彰聞於天耳。夫天道福善禍淫。豈能容此凶人哉。惟天惠下民。慮其生之未遂。則立君以長之。惟辟居天之位。治天之民。必當仰奉承天心。以盡君師治敎之責。庶無負於上天立己之意也。昔有夏之君桀。弗克若天。惠民顧乃淫爲淫虐。流毒於下國。於是天心厭怠。乃佑命商王成湯假手以誅之。而降黜夏命。遷於有商。惟今商王受之罪。有浮過于桀者。剝落喪去元良。如微子者。戕賊暴虐諫輔如比干者。天心厭其惡。彼猶自謂己有天命。而驕縱自如。君德莫大乎敬。彼則謂敬不足行而放恣無度。祭祀是朝廷大典。彼則謂祭無益。而敢於慢神。暴虐是人君大惡。彼則謂暴無傷。而忍於殃民。當時夏桀似猶未至於此。則受之罪。豈不又過於桀乎。夫前人之成敗。乃後人之明鑒。今厥所鑒視者。惟不在遠。即在彼夏王桀耳。天其將以予伐商以乂民乎。且我於興師之時。嘗得吉卜。又嘗得吉夢。則是朕之夢協合朕之卜。又襲遇于休祥之應。此皆天意所寓。重非偶然也。以是知戎商之兵。伐斷乎其必克勝矣。今受所統雖有億兆之衆。然其智識都只尋常等夷之人。無有奇才異能之士。又見商王所爲無道。都離心離德不相聯屬。予所率有撥亂反正之臣。治亂曰亂雖止是十人。然都能盡忠報主。與我同心同德。亦可以勝衆矣。故彼雖有周密至親之臣。然都是凶人醜類。固不如我十臣仁厚有德之人也。夫天之視。未嘗以目。自我民之所視而驗之天之聽未嘗以耳自我民之所聽而驗之上天寄耳目於下民如此如今天下百姓都有過責在予一人之身是觀民心所向而天意可知也故今朕必往而伐商矣我之武威惟奮揚（舉）侵入于之疆界聲罪致討取彼凶殘之人而戮之以救民於水火之中使我殺伐之功因用張大且今日之事質之湯而無愧湯之心驗之今日而益顯則是于湯亦有光輝也爾將士可不勉哉勖哉夫子罔或以商王衆叛

（許玉反）勉　將士

親離而遂輕忽無畏寧執心以爲衆寡非我所敵矣

商之百姓畏紂之虐懔懔乎若崩摧厥頭角然人心危懼如此嗚呼乃當一德一心相與戮力致討立定厥勝商之功惟民免於凶虐而得克永安於斯世也不然將何以慰彼望救之民耶

泰誓下

史臣記師既以戊午渡孟津時厥明日已未將趨商郊臨敵甚近武王乃大巡行六師軍壘之間然後曉

然明白誓戒衆士。武王曰。嗚呼。凡我西土之君子。各宜知上天有顯然之道理賦之於人。即典常之道也。厥比類相屬散見於彝倫之間。惟無不彰明較著。爲君者當敬守此道。以爲法於天下可也。今商王受身爲綱常之主。乃褻狎侮慢此五常之道。荒棄怠惰。全然弗敬畏上則自絕于天而天棄之。下則結怨于民而民畔之。且於冬月。斮(側略反)朝涉水者之脛(形定反)而觀其能耐寒。剖賢人比干之心。而觀其有七竅。大作刑威。任意殺戮以毒痡四海之人。無不犧受其禍者。崇信姦回小人放黜師保屏棄先王之典章刑法。而囚奴忠正之士如箕子者。廢郊社事天地之大禮而不脩與忽宗廟事祖宗之祀典而不享祀惟專作奇異之技術淫侈之巧物以媚悅所愛幸之婦人荒淫侈靡。無所不至。上帝弗順其所爲遂祝斷其命而降時喪亾則我今日之舉。乃所以行天之罰耳。爾衆士其尚孜孜然勉力奉予一人以恭行天罰也。我聞古人有言曰。小民之情。向背無常。以恩意撫恤我則愛戴其上。奉之為君后。若以威勢凌虐我則疾視其上。怨之如寇讎。由此言觀之。今獨立無助之夫商王受不知撫民之道。顧洪惟作威虐以殘害百姓。是乃汝世世之仇讎也。寧復可為汝君乎。我又聞之。凡欲樹立人之德。使有成就。務須培養以致其滋長。欲除去人之惡。使無蔓延。務須芟夷以絕其禍本。今商王受正是衆惡之本。所當先除者也。肆予小子倡義興師。誕以爾衆士而殄（徒典反）絕殲（子廉反）滅乃（汝）之世讎以除禍本矣故爾衆士其尚（庶幾）齊心奮勇迪（蹈）行殺敵之果致果之毅以登乃辟（成汝君）弔伐之功也爾若能蹈行果毅功績衆多則必有厚祿之賞以酬爾勞若是不迪（蹈）行果毅而怠忽僨事則必有顯明之戮以彰爾罪爾等其可不勉乎哉嗚呼爾衆士亦知我周家有必興之理乎當商之季惟我文考聖德充積於一身而普及於天下若日月之大明照臨下土然其光輝被于四方之地而尤顯著

于西上岐周之地矣。是以人心戴之，天命歸之。惟我
有周其誕受多方而有天下也。我文考之德，既足
以與周，則我今日伐商之舉，唯憑藉先德而已。故予
能克商受，非是予之威武足以取天下也。乃惟朕文
考有德無罪。故爲天所佑，而庇及後人耳。若不幸而
商受能克予，非是朕文考之有罪不足以得天下也。
乃惟予小子德薄無良。故爲天所譴，而辱及前人耳。
然我文考之德，克享天心久矣。我今奉先德以伐有

罪。又豈有不克之理哉。

牧誓

史臣記時二月四日甲子昧爽（冥明）武王朝至于商之郊外牧野。將與商兵交戰乃發誓命以戒勉將士武王左手杖黃鉞（音越）右手秉白旄（音毛）以指麾（許危反）衆將士。先慰勞之曰。逖矣（他歷反遠）爾等皆西土之人。我以伐暴救民之故率爾遠行如此。武王乃歷呼從征之人以告之曰嗟乎。我鄰國友邦之冢君。與我本國（治）御事之臣。司徒司馬司空亞旅師氏之官千夫之長百夫之長及庸蜀羌髳微盧彭濮（音卜）八國之人當悉稱舉爾之戈戟比列爾之干盾樹立爾之長矛予其將發誓命以告汝衆審聽之武王乃誓曰我聞古人有言曰雞之為物所以司晨也然牝（音品）雞無晨鳴之理若人家有牝雞之晨鳴則惟陰陽反常其家之必破敗蕭索（昔各反）可立而待也婦人不可以預外事亦猶牝雞不可司晨也今商王受乃惑於妲己之嬖好惡賞罰惟婦言之是用是所

謂牝雞而司晨者也。故顛倒昬亂以發棄厥所當肆陳
之祭祀而弗報答於本。顛倒昬亂以發棄厥先王所
遺之王父弟與同母弟。而不以迪〔道〕遇之乃卻惟四方
多罪逋逃之人。是尊崇之是推長之是親信之是任
使之是以爲大夫卿士分布要地俾之脅權肆毒加
暴虐于百姓倚勢犯法以爲姦宄〔音軌〕于商邑其政事之
昬亂一至於此。皆以荒於女色不恤國政之故也。商
王受天討之所不赦者。今予小子發與兵伐商惟以

恭行天之罰。非得已而不已也。故今日之事。當以節制爲尚。不以多殺爲功。其進而迎敵。不愆(過)于六步七步。乃便止駐以整齊部伍焉。然後復從而伐之。爾夫子勗(勉)哉。無或乘勝而輕進也。其戰而殺敵。少不愆(過)于四伐(擊刺)五伐六伐七伐。乃便止駐以整齊部伍焉。然後從而伐之。勗(勉)哉爾夫子。無或乘怒而貪殺也。雖然兵不勇則無以克敵。爾將士尚桓桓(胡官反)之威如虎如貔(頻脂反)如熊如羆(音卑)以奮擊于商郊之地。不可有所退怯也而亦過勇則不免濫殺惟當於凶殘者取之抗拒者誅之弗當迓擊克知順逆之理奔走來降者以徒勞役我西土之人勖哉夫子爾若於我之命而有所弗勖或輕進或貪殺或無勇而殺降是違號令而失紀律也則軍有常刑其于爾躬必有刑戮罔宥攸赦矣可不戒哉

武成

二日普白反

史臣記惟一月壬辰月旁死魄越翼日癸巳武王於

是日之朝步自宗周。舉兵以于征伐商紂。是爲第一節

厥始三日四月哉生明之時。武王來自伐商。至于豐鎬舊都。以爲戡定禍亂。固賴於武。而興致太平則貴於文。今天下已定。正當脩明政教。與民休息之時。乃偃其武威。而修文德。發歸其兵車之馬于華山之陽。牧放其任載之牛于桃林之野。明示天下之人民。以弗復服用也。此一節當在萬姓悅服之下一乃擇丁未之日。舉祀典于周祖廟。駿荀俊反速凡天下諸侯。近而邦甸。遠而侯衛。莫不駿奔走執豆

邉。來助祭於廟。毋敢後者。越三日庚戌。又燔柴以祀
天。望秩以祀山川。用大告武功之成。且以謝荅神祇
也。此一節當在百工受命於周之下。及 官 四月望後。月既生魄之時。十六日 庶邦
冢君暨百工。都推戴武王爲天子。相率而受
命于周。此一節當在天下弗服之下 武王既受命而爲天子。乃舉
其先世積累開創之事。以告諭天下諸侯。武王若是
曰。嗚呼。羣后。諸侯。惟昔我先王。后稷在唐虞時。建邦
國。啓土地於有部之地。傳至曾孫公劉。又克培養以

篤前人之功烈。自公劉傳至于九世孫太王。去邠居岐。積德行仁。民心歸附。肇（姑）基立興王之迹。再傳王季。其又克自抑畏。勤勞王家之業。至我文考文王。其德愈盛。其功愈大。用克成就厥前人之功勳。雖位為西伯。實已誕膺（大受）上天之命。以撫安方夏之民。當時大邦諸侯強梗難制者。皆畏其威力。而不敢放肆。小邦諸侯柔弱不振者。皆懷念其恩德。而賴以存立。益威德日著。而天下日益歸服。惜乎惟九年而崩。大統未集（成）。

故今日予小子之舉。其不過承順厥先人之志以除暴安民耳。此一節當在告武成之下。大武王將興問罪之師乃先舉告神之典。底商紂之罪告于皇天后土及所過名山大川之神。其祝詞曰惟我周家先世有道之曾孫周王發將。欲有興師大正于商之罪。今商王受雖居君位。全無君道暴殄天所生之物類。全然不知愛惜。害虐衆烝之人民。全然不知撫養。身爲億兆之主。不知明刑勅罰以誅鋤姦宄。保安良善。反爲天下逋逃

罪人之主。如魚獸之萃（聚）於淵藪（音叟）。豈不亂政壞事哉。夫
商罪之當正如此。今予小子既獲仁厚有德之人。故
敢祇（敬）承上帝之意。而爲弔民伐罪之舉。取彼凶殘。以
遏絶亂略（謀）。惟時內而華夏冠帶之國。外而蠻貊（亡白反）異俗
之邦。罔一人不相率（從）俾服從者。此一節當在于我征伐商之下一恭
順上天黜商之成命。肆（故）予舉東征之師。以綏安厥有
商士女。惟其士女。喜周師之來。各用筐篚盛厥玄黃
之幣帛。相迎以昭明我周王有弔伐之德矣。是知由

上天休美之意。鼓舞震動於民心也。故民皆用歸附於我大邑周。備物以迎王師如此耳。此一節當在其承厥志之下。

然兵凶戰危。何敢自恃。惟爾天地山川有神。同以佑民爲心。其尚（庶幾）冥冥之中。克輔相予戰勝攻取以救濟兆民而出諸水火。無使爲商之所勝以作爾神羞辱可也。既戊午日。武王率師東逾孟津。癸亥日。列陳（直刃反）于商國之郊。頓兵少息。俟上天之休命。甲子日昧爽。商王受率領其軍旅。衆多若林。會戰于牧野之地。然是時紂兵雖多而離心離德。罔有敵于我之師前列之徒。倒戈內向反自攻于其在後之衆以奔北。蹂踐屠戮血流遍野。殆漂（音飄）沒木杵（音處）。蓋紂素無道。積怨於人。人心叛之。不戰自敗。武王兵一被戎衣。而天下遂已大定矣。乃反改商紂所行之虐政。其政專由用商家先世之舊。而釋放太師箕子之囚奴。封表少師比干之墳墓。憑式賢人商容之閭門。蓋此三人皆商之忠臣。為紂所囚戮廢棄。故武王皆加禮焉。以慰人心也。

又散鹿臺所積之財物以賙貧乏。發鉅橋所貯之米粟以賑飢民。大賚賜于天下四海而萬姓心悅誠服。愛戴武王願其長爲生民之主也。此一節當在罔不率俾之下武王克商之後偃武修文其經綸天下之迹雖不可悉數。略舉其大者言之。其列爵惟五等。公侯伯子男。其分土惟三等。公侯百里。伯七十里。子男五十里。其建立庶官。則惟賢而有德者用之。其居位任事。則惟才而有能者使之。其所重者在民人五典之教。及惟食以養生。喪以送死。祭以追遠。是人道之大者。故王政以此爲重也。凡出一令。必惇（厚）其信。而終始不渝。凡行事。必明其義。而動無過舉。尊崇有德者。報賞有功者。武王經綸天下。其宏綱大要。備舉而盡善如此。故不必有作爲。但垂衣南面。端拱穆清。而天下自治矣。此一節當在大邑周之下。而上猶有缺文。

洪範

史臣記。惟武王卽位十有三祀（年）春。既克商而有天下。

汲汲以求賢問道爲首務。時商家有賢人箕子。深知
古聖王治天下道理。武王遂就而訪于箕子。武王乃
言曰嗚呼箕子惟上天於冥冥陰暗之中默有以安
騭其下民。爲之輔相保協厥所當居止之理。使不相
侵奪。不相乖亂。我固身任是責者。不知其彝倫之攸
以敘者如何。箕子乃言曰我聞在昔唐堯之時。洪水
爲患。使鯀治之。鯀乃用其小智。作隄防以陻塞洪水。
夫水乃五行之一。而五行乃天之所陳。鯀逆水之性

是，即汨亂陳列其五行。故上帝乃震怒，不畀之以洪範九疇。遂無以綱維世道。此彝倫之攸以斁而失敘也。鯀則得罪而殛死。禹乃嗣鯀而興，順水之性而治之，以至地平天成，五行順布。故上天乃鑒其德，錫禹以洪範九疇。此彝倫之攸以敘而無違也。自禹以來相傳至今。治天下之大法，不外於此矣。當初禹治洛水時，神龜負文而出。有數至九。禹默契其理，因而第之以成九疇。蓋原天之所錫也。九疇爲何。其初第一。

曰五行。葢天生五行。民並用之。有不可以一日缺者。天道莫大於五行。其次第二。曰敬用五事。葢五事乃脩身之要。人君欲敬脩其身。須用此五事。人道莫大於五事。其次第三。曰農用八政。葢八政乃養民之具。人君欲厚民生。須用此八政。脩身然後可以治人。其次第四。曰協用五紀。葢天道參錯而不齊。人君有五條曆法。以爲之統紀。而天始不能違。王政必奉乎天時。其次第五。曰建用皇極。葢臣民渙散而難一。人君中天下而立。有大中至正之極。以爲之標準。上以敬順天道。下以奠安民生。此其所以居於中也。其次第六曰乂用三德。蓋人君雖以身立教。而治道不可偏執。三德互用。因時制宜。以合乎中。而後天下之事治。其次第七曰明用稽疑。蓋人事不能無疑。必用卜筮以決之。而後能成天下之務。其次第八曰念用庶徵。蓋人事有得失。則天道之休咎應之。人君欲省念其所行之得失。必用諸休咎。以爲考驗。其次第九曰嚮

用五福威用六極。蓋人事有善惡。則天道之禍福應之。人君欲使天下向慕而爲善。必用五福以勸之。欲使天下畏懼而不爲惡。必用六極以懲之。凡此九疇自然之序。帝王治天下之大法。盡具於此。卽天之所以錫之於禹。使之黙契而自得者矣。此爲九疇之綱。

箕子乃復推行之曰。第一爲**五行**之疇。萬物成形。莫不由微而至著。故五行次序。亦以微著爲先後。其目

一曰水。天一所生。爲體最微。**二曰火。**地二所生。爲體

漸著。三曰木。天三所生。爲形充實。四曰金。地四所生。爲體堅固。五曰土。天五所生。體質最大。其序如此。然各一其質。則各一其性。水之性潤澤。而又下行。故曰潤下。火之性炎熱。而又上外。故曰炎上。木之性屈曲。而又聳直。故曰曲直。金之性。則可順從。而又可改革。故曰從革。土以生物爲性。而所生之德。莫盛於五穀。故爰可以種植爲稼。收成爲穡。而生物之功終始焉。然各一其性。又各一其味。水性潤下。故浸漬而作鹹（音咸）

火性炎上。故焦灼而作苦。木性曲直。則氣鬱而作酸。金性從革。則氣烈而作辛。至於稼穡。性稟中和。則其氣味獨作甘美。此皆成於造化之自然。而切於民生之日用皆也。人君於此五行。果能裁成輔相以盡調燮。則五氣順布。六府孔修。而所以左右斯民者。無不盡矣。此以下並爲九疇之目。第二爲五事之疇。人稟造化五行而生。凝而爲質。其目一曰貌。初生時。精之所凝有形有色而屬水也。二曰言。既生後。氣之所發

有聲有音而屬火也。三曰視（散）。精顯於目。則有視而屬

木也。四曰聽（收）。氣藏於耳。則有聽而屬金也。五曰思（通）。精

氣聚於心。則有思而屬土也。五體既備。五德自具。貌

之德曰恭（敬）。齊莊中正也。言之德曰從（順）。順理成章也。視

之德曰明。無所不見也。聽之德曰聰。無所不聞也。思

之德曰睿（俞芮反）。心通乎微也。五德既具。五用自彰。容貌恭

敬。則臨民之際。截然作肅（嚴整）。言語從理。則出令之時。秩

然作乂（條理）。視德惟明。則不蔽於所見而作哲（智）。聽德惟聰

則不惑於所聞而作謀。思慮惟睿則無所不通而作
聖。人君於此五者。能隨事盡理。則身脩道立而可以
爲天下法矣。然事雖有五。而以思爲主。德雖有五。而
以恭爲主。誠之於思。而主之以恭。聖學始終之要在
是矣。第三爲八政之疇。其目一曰食。制田里。教樹畜。
以開足食之原者。乃王政之首務也。二曰貨。惠工商。
通貨賄。以利斯民之用者。乃王政之不可緩也。三曰
掌土
祀。修禮物。交神人。所以報本也。四曰司空。造疆場。定

廬舍所以奠居也。五曰司徒。（掌教）使之敷教以化民也。六曰司寇。（掌禁）使之掌刑以弼教也。七曰賓。懷諸侯來遠人。以通天下之情也。八曰師。征不庭討有罪以防天下之患也。是八政雖有緩急先後之不同要之皆切於民而不可缺一人君能舉而措之。尚何民生之不厚哉。

第四為五紀之疇其序一曰歲。天道運行為春夏秋冬合四時以成一歲而天運可紀矣。二曰月。月行於天。為晦朔弦望合三十日以成一月而月行可紀矣。三曰日。日有出沒。有先後。則因之以辨晝夜次甲乙。而日躔可紀矣。四曰星辰。星宿有動止。日月有交會。則別爲經星緯星之名。分爲周天十二辰之次。而星辰可紀矣。五曰曆數。歲月日星辰之在天。其盈縮遲疾。都有定數。則因其自然之數。制爲一定之曆。而天道之始終可紀矣。人君能用此五者。以合乎天。則順時可以立教。而因天可以驗人矣。第五爲皇極之疇。蓋皇王一身爲萬化原。凡綱常倫理言動事爲之閒必須建其大中至正之有極以爲天下之標準夫如此則天心佑助百順咸聚而斂集時五福於其身豈徒自善其身而已哉又必化導天下使天下百姓皆效法君上脩德行善用敷錫此福於厥庶民惟當時厥庶民亦皆于汝君之有極觀感興起下又錫上與汝君相俱保守其有極不敢失墜其君民一體上下流通如此凡厥天下之庶民皆循禮守法無有交結淫邪之朋黨相聚爲非者在朝有位之人亦皆奉

公體國。各脩職業。無有私立黨與。暱相比附。爲惡德者。是豈無自而然哉。皆惟由皇王執中守正以身作極於上。可以爲萬民之表率。百官之儀刑也。然人之資質不同。故凡厥庶民之中。有識見善猷事者。有才力能爲事者。有操守廉潔。義不苟取者。此上等之才。入可以輔佐朝廷。出可以宣力四方者。汝則尤當加意眷念之不忘也。又有一等人。質有所偏。雖不能協于皇極中正之理。然亦不敢放縱爲非。而罹于過咎。

此中等之人也。故進之則可與為善。棄之則或流於惡。皇君則須含容受之。設法教育。不可拒絶也。若此庶民能感君念受之恩。而加進脩之力。雖未必翕然丕變。然其見於外。而安康厚和。而有溫然之色。其發於中。曰予攸好（呼報反）德。而有藹然之言。此便是向上之人。汝則當加之以爵祿。而錫之以福。如時是人皆奮於感恩。樂於從善。斯其惟歸於皇君之極。所謂錫汝保極者。在是矣。人君欲造人才以化成天下。可不於此加之意哉。人君之於臣民。其慶賞黜罰。不可少有偏私。要當無暴虐乎煢獨（岐高反）至微之民。而畏憚乎高明尊顯之人。益賞及煢獨。則勸善之恩行。罰加高明。則懲惡之法立。此王者之所以至大至公也。如人之在官。或有優於才能足以應務者。或有長於施爲足以任事者。爲人君者。宜鼓舞振作使之益進羞其所行（下孟反）而盡展其才則人樂爲用。百務脩舉。而邦其有昌盛之休矣。然有所資而後勸者。中人之情也。故使凡厥在正之官

人先既俸祿富優。不以內顧累其心。然後方可責其
進行而為穀也。汝苟稟祿不繼。俯仰不給。弗能使其
善　汝　是
有和好于而家。則時人斯其亦將辜於身家之累。而
音孤
不免於辜罪矣。況望其能為善乎。雖然富者所以養
賢。而不可以濫及。苟徒以其在官之故。于其無能無
為而無好德者。汝亦雖槩錫之以福祿焉。其適作汝
濫用咎惡之人。而反貽害於邦國矣。此又汝之所以
當戒也。王者既以太公至正之道。建極於上。以為臣

民法則，又衍爲訓詞以告之。凡臣民其存諸心者，無或不中而至於偏。無或不平而至於陂（音秘）。惟當遵王者所行之正義，而與時宜之可也。無有意以作好，而縱一己之私喜。惟當遵王者所行之正道，而好所當好可也。無有意以作惡（烏路反），而縱一己之私怒。惟當遵王者所行之正路，而惡所當惡可也。其見諸事者，無或偏而不中，無或黨而不公。試觀王者之道，何其蕩蕩然示人以廣遠也。無或不公而黨，無或不中而偏。試觀王者之道。何其平平然。示人以坦夷也。無或反而倍常。無或側而失正。試觀王者之道。何其正大直良。示人以無私也。唯所遵在於義與道與路。可以會合其有極。而蕩蕩平平正直可以歸宿其有極矣。夫王者既以身建極而端化原。又敷言以感動其心。使人吟咏自得。其惓惓於天下臣民者。意何切哉。

曰皇王以極之理。而反復敷行爲言者。是天下之彝理。是天下之大訓。非君之訓也。蓋理出于天帝。而其教訓下民也。凡厥庶民於皇極之敷言。一竦動於聽聞。是爲教訓是力行之。由是涵濡既久。感化益深。人欲日以消融。天理日以昭著。則亦可以近邇於天子盛德之光華矣。庶民乃頌曰。今天子敷言以訓吾民。指其恩育而言。則此正作吾民之父母也。指其君長而言。則此以爲天下之王者也。敷言之感庶民者如此。則羣臣之得於觀感者。又可知矣。第六爲三德之疇。其序一曰正直。中正而無偏邪也。二曰剛克。政尚嚴明。

教先振作也。三曰柔克。政尚寛容。教先委曲也。夫三德之目如此。然其用則各因乎時宜。若天下太平。風俗安康。我則以正待正。以直待直。無所事乎矯拂。與天下相安於無爲。治之上也。但人之習俗氣禀。每有不齊。而我之政教寛嚴。亦異其用也。若遇彊梗弗友順之人。則利用剛以克。加之以法。若遇和燮順友之人。則可用柔以克。錫之以福。斯二者以剛克剛。以柔克柔。正治也。又有資禀沈深潛退過於柔者。則用剛以克激勵而進之有高亢明爽過於剛者則用柔以克裁抑而退之斯二者以剛克柔以柔克剛反治也夫人君當操御世之大權也不然則何以盡三德之用哉故惟辟當作爵祿慶賞之福惟辟當作刑罰征誅之威惟辟當享珍貴玉食之奉而在下爲臣者固當無敢有僭上作福作威又玉食也若夫人君權柄下移臣下之敢有作福作威玉食則壞法亂紀下陵上替在大夫有家者其必貽患害于而家諸侯有國者

其必致凶禍于而國。凡在朝有位之人。都習用成風。汝固反側頗僻（普多反）而不安其分。凡在下之小民。亦相率用放光。僭妄忒分。而踰越其常矣。然則為君者。其可不（子念反踰暢傳文過）操大權於己以表正萬邦乎。第七爲稽疑之疇。國有大事。人君或卜龜以觀兆。或揲蓍以起卦。稽考其吉凶以定吾趨避。皆所以決疑也。然欲卜筮以決疑。必須簡擇至公無私者。建立以爲大卜大筮之官人。乃命之使專掌卜筮之事也。卜之法。用火灼龜。觀其所

考

坼之文。其狀有五。一曰雨。滋潤而如雨者。其兆屬水。二曰霽。開明而如霽者。其兆屬火。三曰蒙。蒙昧而不明者。其兆屬木。四曰驛。(音亦)絡繹而不屬者。其兆屬金。五曰克。交錯如相剋者。其兆屬土。筮之法。用蓍揲之。三爻而成內卦。又三爻而成外卦。合內外二卦而成一卦。命其內卦曰貞。貞者正也。命其外卦曰悔。悔者動也。卜兆占卦之體。合而言之。凡有七件。分而言之。則卜用其五。而占用其二。假之推衍國家人事之差忒。(過)

以決從違趨避之宜也。既立時是至公無私之人以作
卜筮。及當占卜之時。又必每事使三人共占之以相
參考以觀其吉凶之兆同異何如倘三人共同則固
斷焉。其或二人同而一人異。則宜從二人之所言而
斷之也。汝則有大事之疑而未決者。必先裁酌道理
汝
事勢謀及乃心矣。猶以一人之識見有限。又謀及卿
士。集思廣益看朝廷公議如何。又下謀及庶人廣詢
博采看閭閻衆議如何。然後謀及卜筮質之於鬼神

以決吾之從違焉。此稽疑之序也。若有大疑事。汝謀之於心。則從以爲可行矣。以龜卜之。從而有吉無凶。以筮占之。從而有休無咎。問之卿士。亦從而無間言。詢之庶民。亦從而無異議。通幽明。合上下。無所不從。是之謂大同。以此舉事。將何所爲而不宜哉。以言乎近。則多福集於君。身其康彊而安享太平之治矣。以言乎遠。則福庇及於後。子孫其逢吉慶。而永保靈長之業矣。又汝之心。則從以爲可行矣。龜卜從而有吉兆。蓍筮從而無咎言。但卿士逆而未從。庶民逆而未從。亦可以爲吉也。又卿士從而無間言。龜卜從而有吉兆。蓍筮從而無咎言。但汝之心則逆而未從。庶民逆而未從。亦可以爲吉也。又庶民從而無異議。龜卜從而有吉兆。蓍筮從而無咎言。但汝之心則逆而未從。卿士逆而未從。亦可以爲吉也。又汝之心則從以爲可行矣。龜卜從而有吉兆。但蓍筮逆而未從。卿士逆而未從。庶民逆而未從。惟用之以作事於内。猶可獲吉。而至作事於外。則為凶矣。若夫龜筮呈兆共違于人謀。則只用之靜以守常。可保終吉。倘或用以有所作為。則必遇凶咎矣。人君用此以斷天下之大疑。以定天下之大業。舉動豈有不當者哉。第八庶徵之疇。蓋以天人之理相為感通。但觀天道之休咎。即可以驗人事之得失也。其目一曰雨。陰陽之氣交而蒸潤也。二曰暘。（音陽）陰陽之氣散而開霽也。三曰燠（音郁）陰消陽長而氣煖也。四曰寒。陽消陰長而氣冷也。五曰風。

二氣相噓相拂而周旋鼓舞也。曰時。就此雨暘燠寒風都有恰好時候。凡五者之來。皆全備而無缺。各以其節敘相應和。氣流行。品物生植。雖庶草至微亦且暢茂條達。極其蕃廡（音煩〔無〕甫反）況其他乎。一若偏勝極備（過多）而傷於太多。則萬物無以育其生。必致於凶災矣。一若亾耗極無（過少）而傷乎太少。則萬物無以遂其性。亦至於凶災矣。夫歲功之成否。係五氣之休咎。如此。人君之於天道。豈可忽哉。曰休徵。天道之或休或咎。非偶然而已。故人事脩於下。則天必有休美之徵驗。其目曰肅。動乎貌者。端莊嚴恪也。如此。則以時而雨澤若應之。曰乂。發乎言者。順理成章也。如此。則以時而暘霽若應之。曰哲。視無不明而昭然其有智也。如此。則以時而暄燠若應之。曰謀。聽無不聰而淵然其有謀也。如此。則以時而寒冷若應之。曰聖。思能通微而德造於睿聖也。如此則以時而風氣若應之。又曰咎徵。人事失於下。則天必有咎惡之徵驗。其目曰狂。貌不能肅而至於狂蕩也。如此。則恒常淫雨若應之。曰僭言不能乂。而至於差謬也。如此。則恒常暘旱若應之。曰豫明不足以決可否。或猶豫而不斷也。如此。則恒常燠柔若應之。曰急。聰不足以審是非。或躁急而寡謀也。如此。則恒常寒烈若應之。曰蒙。睿不足察幾微。蒙昧而眩惑也。如此。則恒常風霾若應之。凡為君為臣者。皆須視其休咎。以省察其得失。但其責任有尊卑之殊。故其所省有大小之異。曰。王者欲省(悉井反)驗自己之得失。惟當於五氣休咎關係一歲之利害者徵之。卿士欲省驗其得失。惟當於五氣休咎關係一月之利害者徵之。師尹欲省驗其得失。惟當於五氣休咎關係一日之利害者徵之。夫大而一歲之間。小而一月一日之內。凡雨暘燠寒風之時。一一都應候而至。無有變易矣。此人事克脩。休徵之應也。以歲功言。則百穀因用成熟矣。以治功言。則政之所乂用彰明矣。觀之在朝。則凡俊民之隱伏者。因用章顯在位矣。觀之在野則室家因用平安康寧矣。小而一日一月之間。大而一歲之内。凡雨暘燠寒風之時。一一都乖錯而至。旣有變易矣。此人事不脩。咎徵之應也。故以歲功言。則百穀因用不成熟矣。以治功言。則政之所乂因用昏亂不明矣。觀之在朝。則俊民隱遯。用甘處側微矣。觀之在野。則民苦無聊。室家因用離散。而皆不得安寧矣。王者與卿士師尹。其得失固徵於歲月日矣。至於庶民。則惟無所省驗。其象如衆星之麗於天也。然星宿之中。其氣類相感。都各有所好。箕星主風。故其性有好風。畢星主雨。故其性有好雨。亦如庶民寒者欲衣。饑者欲食。鰥寡孤獨者。皆欲得其所其爲好。亦各有不齊也。日月之運行。則有冬有夏。而不差其常度。亦猶卿士師尹之有常職也。然但月之從星。爲可見耳。月行東北而入於箕。則從其好以爲風。西南而入於畢。則從其好而爲雨。此亦如卿士師尹當從民之欲也。第九爲五福六極之疇。爲善者天必報之以五福。其目一曰壽。人生必壽命長久。然後能享諸福。二曰富。人生必資財充足。然後有以養生也。三曰康寧。身體康健而無疾厄。心志安寧而無憂患也。四曰攸好德。智識高明。所好在德。則心逸日休。自求多福

成

也。五曰考終命。諸福既備。善終尤難。必須成就順受正命。以盡天年也。此五者皆天之所以福善者。人君以此自勸。建極於上。則能斂福於一身。以此勸臣民。而使之歸福於下。則能錫福於天下矣。此爲五福。

矣。爲惡者天必報之以六極。其目一曰凶短折。（不得其死横夭）横遭凶害。而不以善終。或中道夭折也。二曰疾。疾病纏綿。身不康健也。三曰憂。憂愁抑鬱。心戚戚不寧也。四曰貧。貧窮空乏。不能自存也。五曰惡。稟性過剛而惡悍然不顧。足以取禍也。六曰弱。稟性過柔而弱。怯懦無爲。足以取辱也。夫爲善則獲福。如彼。爲惡則獲禍。如此。可不鑒哉。天道報應。固昭然不爽。若賞善罰惡。執威福之柄。以勸懲天下。而助上帝之所不及。是又人君法天而不私者也。圖治者空思焉。

（牛刀反）

旅獒

史臣記。惟武王既克商。而有天下。威德廣被。遂開通道路于九夷八蠻之遠。莫不賓服。於是西旅國底（致）貢厥土產之獒（犬高四尺）以表來享之敬。大保召公以人君好尚不可不端。恐因此開進獻之門。貽盛德之累。乃作旅獒一書。用訓于武王。極言其不當受之意。曰嗚呼。自古明哲之王。欲以保國治民。莫不慎脩其德。盛德所感。不但中國人民傾心奉上。就是四方夷狄。亦咸納欵稱臣。相率賓服。無有論遠與邇也。畢貢獻方土所生之物。毋敢後焉。然其所獻者。惟是可供衣服。可資飲食。可備器用之物而已。不敢以奇翫異物也。王乃昭示其慎德之所致方物于異姓諸侯之邦。因頒賜之。使之無替廢厥所服行之職耳。就方物之中分賜其寶玉之貴者于同姓諸侯伯叔之國。時庸使之益展其親親之義。皆王者公天下之心也。故諸侯人人

盡

是用

厚

亦不敢輕易（音異）其物。而惟以德視其物。不敢以物視物也。夫德盛之人其持己待人。必極其莊敬。不敢有一毫狎褻侮慢之意。若其不然。狎侮君子。則虧敬賢之禮。而爲君子者。必將見機而作。罔以爲國家盡（子忍反）人心矣。狎侮小人。則失臨下之體。而爲小人者。亦將無所畏憚。罔以爲國家盡其力矣。人君若能澹然無欲。務使耳目皆聽命於心。而此心不役使於耳目玩好。則本原澄澈。私欲不行。凡百事爲自然合於節度。而各惟得其貞正矣。德其有不盛乎。玩人則以驕滅敬以喪失自己心德矣。玩好乎物則以慾勝剛以喪失自己心志矣。己之志以道而寧則不至於妄發。人之言以道而接則不至於妄受。其所行不作無益之遊觀而害有益之國計則事無廢弛而治功乃可成就矣。不貴異物之奇巧而賤用物之服食則物無虛耗而民財乃可富足矣。故犬馬雖有用之物若來自他方非其土性所宜也則不必畜（許竹反）養。珍美之禽奇異

之獸。不過以供耳目之玩。無益於實用也。不必育于
國。中以滋勞費。凡此皆愼德之實也。夫朝廷之擧動。
遠人所視以爲向背者。若能清心寡欲。不寶愛於遠
方之物則好尚既端。聲聞旁達。四方遠人皆起賓服
之心而無不格（至）矣。若能移寶遠物之心。其所寶者惟
在賢臣。信篤而任專。諫行而言聽。則賢才效用。膏澤
普洽而中國邇人無不安矣。嗚呼。人君之愼德。其功
不可有少間斷。故一日之間。從夙至夜。存心應事。罔

或不勤也。然世人常以爲有大德者。不拘小節。殊不知不矜持細微之行(下孟反)則終必有累於大德矣。譬如爲山積累功夫已至於九仞(音刃八尺)之高。乃心生懈怠則其功虧缺於一簣(其貴反)之土。豈不甚可惜哉。知一簣能虧九仞之功。則知細行不可不謹矣。允能廸行茲愼德之事則朝廷無復征求之擾。生民保安厥居。受無窮之福矣。惟乃可以永保天下。而世世爲王矣。吾王其圖之。

金縢(徒登反)

史臣記。武王既克商紂。甫及二年。武王適有虐厲之疾。心弗豫悅。太公召公二公同辭曰。王之一身係我周家宗社之安危。今被疾弗豫。爲臣子者豈能晏然。我二人其爲王穆（敬和）卜。決其安否。以觀天意可也。周公乃托詞以止之曰。其如此。則必有事於宗廟。恐我先王因此遂懷憂慮。殆未可以此戚惱我先王也。二公乃已。周公乃自以禱王之事爲己功（事）。而請禱於太王王季文王。築土爲三壇。除地而同爲一墠（上演反）。以爲樓神之地。又別爲一壇於三壇之南方北面爲位。周公立焉植璧於壇。秉珪於手。乃陳詞以告太王王季文王之靈。太史乃爲冊祝之詞。曰惟爾太王王季文王之元孫某遘厲虐之疾。勢甚危急。然元孫某乃是承宗祀繼王業爲天之元子。三王在天之靈。宜保護之。救其死也。若爾三王果是有保護丕子之責任于天上。則願以旦代替元子某之身。不可使之遂罹於大故也。予有仁愛之性。能承若祖考。又能多材幹多藝能。

置

居候反遇惡暴

元

順

可備役使。能服事鬼神。乃元孫之材幹藝能。都不若旦多材多藝。則不堪役使之任。不能服事鬼神。不必用元孫也。元孫雖不能事鬼神。乃受命于上帝之庭。作君作師。布敷其德教。以佑助四方之民。用能培植基本。安定爾三王子孫于下地。使本支百世。藉其餘休。以君師於天下。四方之民罔不奉法守令。而祗敬畏服之。是元孫一身。任大責重。未可以死矣。嗚呼。我三王決當默佑保護。使其永固王業。無墜失上天之所降寶命則我周先王后稷以來之宗祀亦永有所依歸以血食於無窮矣今我即請命于元龜以觀其兆之吉凶若得吉兆是爾三王之許我以保護元孫有不墜寶命念及宗祀之心也我其以所植之璧與所秉之珪歸俟爾保護元孫之命若爾不許我以保護則不惟下地之子孫不定而先王亦失其所依歸矣我乃屏（音丙）藏其璧與珪欲事神不可得已乃同卜三人所掌之龜以相參考而三龜之兆一同皆重習以

（就）

吉告。又啓金縢之籥（與鑰通）見其所藏占書乃皆并是吉兆。

則保佑元孫之命。三王已默許於冥冥之中可知矣。

周公曰。我觀龜卜形體皆吉兆也。王之疾其必罔害。

今予小子新受命于三王。惟許我以保佑元孫永以

終是所圖矣。茲只攸（所）俟者在三王能念予元孫一人

而使之安寧。庶不負吾請代之初願也。周公請禱既

畢而歸。大史乃納藏其冊祝之詞于金縢之匱（緘）中。武

王之疾。至其翼日乃果瘳（音抽 愈）。蓋雖三王保護之力。寔周

公請代之誠所感通也。後武王既喪（息浪反）。成王尚幼。周公

（名鮮）

乃攝位行事。是時周公之兄管叔及其羣弟蔡叔霍

叔等方監殷。武庚謀爲不軌。乃造爲無根之事。流言

于國中曰。今周公將謀簒位。不利於孺子成王矣。周

公當流言之際。心不自安。乃告大公召公二公曰。我

之弗自遐辟（避）。使讒謗得行。則變起蕭墻。禍貽社稷矣。

是我他日死後。亦無詞以告我先王於地下也。周公

避居東都。閲二年。則管蔡之爲罪人斯乃得其形迹

矣。于此後。周公乃爲詩四章。以貽成王。名之曰鴟鴞。（尺夷反　吁嬌反）益深。蓋王業艱難。不忍毀壞之意。周公此詩意發於忠憤。而詞近於切直。成王亦虛心受之。未敢責誚（音誚　讓）周公。足以見其悔心之萌矣。是年之秋。田禾大熟。尚未收穫之時。天忽然大雷電。加以暴風。田禾盡吹偃。大木斯拔起。邦人大恐懼。成王因此天變。乃與大夫諸臣。盡服皮弁。以啓發金縢之書。將天變。乃得周公事所自以爲己功。欲以身代武王之說。卽當時請命之祝詞。納於金縢匱中者也。二公及成王見之乃問其事之始末於諸史與百執事之人。皆對曰。信有此事。噫嘻。此周公曾命我等爲之。但當冊祝之日恐人心搖動。故使我等勿敢言於人耳。成王乃執周公請命之冊書以涕泣。告諸大夫曰。今日感召天變。已知其由。其勿復穆卜矣。昔周公在皇考時。盡心竭力至於請命代死。其勤勞王家如此。時惟予尚幼冲人弗及詳知。致使公橫遭流言。不安其位。此予不明之過也。

今天警動我以風雷之威。乃所以彰顯周公之德也。
今日欲消弭天變。豈可使公之身一日不在朝廷之
上乎。惟朕小子。其新逆公以歸於我國家。褒崇有德
作親迎
之禮。固亦宜如之矣。成王乃將親迎周公其出郊之
時。天乃雨而反風。凡田禾被吹倒者。則復盡被吹起
而更生。二公又命邦人。凡大木所偃者。盡挽起而築
堅之。更加培植。於是歲則大熟。夫成王未知周公。天
爲動威。及既迎周公。天爲之順。助其轉災爲祥如此。

書經插解卷五

書經插解卷六

大誥

讚岐　河田興猶興　述

史臣記周公奉辭討武庚之罪乃傳王命以諭天下

成王若此曰猷（發語辭猶咨嗟）大誥爾多邦諸侯越（及）爾諸侯御事之臣我周弗弔恤於天乃降凶割（害）于我家使武王遂喪而不少延待矣洪（大思）惟我幼冲之人嗣守無疆之大歷（歷數）而尊爲天子嗣守無疆之大服（五服）而富有四海自惟知識寡昧弗能造明哲以迪導此民於安康之地是人

事之顯然者。且未能盡而別曰其有能格（窮）知者不可

測之天命乎。夫意可已（承上語詞）於此哉。予惟小子以冲昧爲

君夙夜兢兢。若涉淵水而莫知其津涯。予孜孜焉惟

往而求朕攸可濟耳。蓋僭亂之臣。不可不討焉。予今

討之。以敷布我典章法度國家之賁（彼義反）飾而益敷布前

人受命之基業。若茲者。亦欲不忘武王之大功也。況

武庚不靖得罪於天。天討所必加者。予又不敢閉抑

（武王）

于天所降之威用也。昔寧王遺我後人以大寶龜使

紹介上天之明命以定吉凶曩嘗卽龜所命而其兆曰。異日東方諸侯起而作孽有大艱難之事于西土西土人亦不得安靜是武庚未叛之時而大龜之兆蓋已預告矣越茲果蠢然而動然則今日之事天命已定其可違乎武庚特殷之末裔小小腆厚之國耳乃不能審己量力誕敢經紀其旣亡之敘欲使絕而復興也是雖上天曾降威於殷使之自取亡滅然亦武庚知我國有三叔疵釁民心不康故乃乘隙生變

倡為大言曰予將復興殷業而反鄙邑我周邦使仍
前事殷其不軌之謀如此其容以不討乎武庚今日
蠢動而今之翼日我民獻（賢）者有十夫皆能明義理識
時勢來為予之輔翼以于往敉（音弭）（撫）寧殷邦武嗣（繼）武王所
圖之功業知我有大事之休美者以朕誓之於卜三
龜幷吉也人謀如彼神意如此其必勝又何疑哉肆（故）
予舉以告我友邦君越尹氏（庶官之長）庶士御事曰東征之舉
非嘗試而漫為之也予已得吉卜天命昭示不可違

肆予惟以爾庶邦之衆。于伐殷逋亡播遷之臣。必使兇孽蕩除。東國底定。爾庶邦君越庶士御事。乃不體我不得已而用兵之意。都罔不反於我以曰。東征之事。艱難重大。豈可輕舉。且今日民之不靜。雖由武庚倡亂。究其根源。實亦惟三叔不睦自啓釁端。乃在王之宮。邦君之室。肘腋親近之地。非由他人。惟宜自反以消弭之。豈可遽爾動衆討伐。越予小子與老考翼事。苟衆口一詞。以爲不可征伐矣。王害不違卜而聽

之於人乎。汝之復於我者如此。雖然何待爾羣臣之
言。故肆予沖人。亦嘗永思其艱難。但事勢有不容已者
耳。曰。嗚呼。允(信)此四國之蠢動。害及鰥寡。深可哀哉。然
予之所造(爲)。除亂安民之事。皆是天之役使。不可推諉
者。今日之事。天實遺其甚大者。投其甚艱者于朕之
身。越(於)予沖人。亦有不暇卬(五剛反我)自恤者矣。且以人臣之義
言之。爾庶邦君。越(及)爾多士尹氏御事。宜安綏予曰事
雖艱大。王無過毖(音祕)勞于憂恤。誠不可不分猷共念以

成乃寧考武王所圖之功也。然乃憚役避事。諉曰不可征。何其不明大義之甚哉。夫意可已於此哉。予惟小子。不敢替廢上帝之命而背吉卜也。昔天以眷命休美于寧王。隆興我百里小邦之周。遂有天下。當是時。寧王惟卜之用。故克安綏受茲天命。有此無疆之大歷服也。今天其相佑下民。令其趨吉避凶。矧亦惟卜是用。無舉事而不卜者。而我今日獨可廢乎。嗚呼。今得吉卜。此天命甚明。凜乎可畏。是益弼成我丕丕之基業矣。其可違也哉。成王又曰。爾惟舊人。皆嘗逮事武王。爾必不克遠省。（悉井反）而記前日之事。爾固知寧王創造基業。若此之勤勞哉。武王創造之初。亦以艱難勤勞而得之。當今四國蠢動。天之閟（否）閉毖（難）艱。在我國家。乃我成功之所在也。予其不敢不仰承天命。戡定禍亂。以極卒寧王所圖之事也。肆（故）予諄諄然大化導勸誘我友邦君。冀其僉同敬應。而民獻十夫以爲可伐。則是天既棐（輔）我以忱誠之辭。確乎謂叛逆之當去。

其考之我民而可見矣予曷其不于前寧人輔武王者而圖其功業之攸終乎且天亦惟用此四國之亂以勤毖我民未嘗不矜憫而欲除之若人有疾必速攻治之使愈也予曷敢違天之心不于前寧人輔武王攸受休美之命而盡畢之乎哉然則繼述武功在小子固有不容已之責而輔君討亂在羣臣尤有不可諉之義爾舊人亦可以深省矣成王曰若昔朕其欲逝東征朕亦言其事之艱難而日思之非輕舉也

譬若其考作室既底定其廣狹高下之法度厥子
乃憚於興作弗肯爲之堂基矧肯爲之構屋乎譬若
治田厥爲父者既嘗反土而菑闢除草萊則播穫可
施矣厥子乃惰於稼穡弗肯爲之播種矧肯爲之收
穫乎子之不肖如此則厥考老之翼事者其肯曰予
有後嗣弗棄我之基業乎夫武王安定天下而今不
能終其功則亦何以異於此乎肆予曷敢不越卬身
之存以討亂安民敉定寧王之大命乎正欲盡堂構

播穫之責。而爲弗棄基之子也。譬若人家兄考在上。
乃有友。攻伐厥子。爲之民養厥養臣僕者。皆當捐軀以救
護之。豈其可反勸其攻伐而弗救乎。今四國搆亂。使
武王之百姓咸受荼毒。凡爲臣下者。即當慷慨出力
奔走救援也。成王曰。嗚呼。放肆其心而勿畏縮哉。爾
庶邦君越爾御事。其知伐紂之事乎。昔紂以昏德亂
明
天下。武王伐之。爽大命於周邦。是豈武王之自致哉。
亦由當時明哲之士爲之輔佐耳。明哲之士爲誰。亦

惟亂臣十人。迪知上帝黜殷之命。越天棐輔我周武
及
王之忱也。爾諸臣當是時。並罔敢有違易武王之法
制。憚於征役者。矧今武王既喪。天降禍戾于周邦。惟
四國首倡大艱之人。誕鄰胥伐于厥室。事危勢迫如
大　近　相
此。又非武王當時之比。爾等舊臣當以十人爲法矣。
然。皆以爲不可征。是亦不知上天討罪之命不可違
（音色）農
易也。予亦永思念之曰。天惟喪殷。如穡夫之去草使
無餘種而已。今予嗣武王之業。承上天之意。曷敢不

討叛伐罪。除惡務本。以終朕田畝之功乎。是天不獨休美于寧王。亦惟休美于前寧人也。予亦曷其極（盡）欲用卜。敢弗于從。爾勿征之言乎。然我惟欲率循寧人之功。不使廢墜。則當有指定疆土之責。無令四國得以動搖。此我東征。乃人事不得不然者。就使卜而不吉。猶將伐之。矧今卜而并吉乎。肆朕誕以爾爲東征（故大）之舉也。爾等無謂天意難知也。我則謂上天禍淫之命。斷乎不僭差。觀卜之所陳。惟其兆顯然若茲矣。卜之所陳。即天命之所在。天命其可違哉。

微子之命

史臣記成王封微子於宋。而誥命之若此。曰。猷殷王元子。(長子)我惟稽考古制。尊崇成湯之德。以汝能象其賢。命之主祀焉。此豈徒然哉。欲統承先王以脩其典禮文物。使一王之法。不至於無徵也。且先代之裔。與當代之臣不同。則命爾作賓于王家。不以臣禮相待。使一代之後。與周國咸休美。以施之永世而無窮也。此

非予之所深望者乎。嗚呼。乃祖成湯之德。克齊而無
不敬。聖而無不通。廣大而不可量。淵深而不可測。惟
有此盛德。故皇天眷顧佑助。使之誕受厥命。為天下
之主。爾成湯既為天下之主。則能撫民以寬。大而盡
除其有夏邪虐之政。以言其功。則加被于當時。以言
其德。則垂及後裔。夫成湯之德如此。則我崇本奉祀
之意有不容已者矣。爾惟能踐履脩舉厥成湯之猷
在舊日已有令善之聲聞矣。爾恪畏謹慎克盡孝祖

之道。爾嚴肅恭敬以盡事神治人之道。予嘉美乃（汝）之有實德。曰爾能篤厚前人所行。而不忘其舊。眞可謂能象賢者矣。吾知以此而奉祀則上帝必時歆（是饗）享於上。以此而治民則下民必是祗協（敬和）於下。故我仰贊古制庸（用）建置爾于上公之位。使尹（治）茲東夏之民以承先王而賓王家。正以爾之賢能勝其任也。爾其勉之欽哉。必須往敷乃（汝）之教訓。無不脩舉。愼乃（汝）之章服命數。毋至僭踰而率由乎品式典常之中。不敢輕變焉。能

如是則可以蕃衛王室使我周賴以治安恢弘乃烈大汝
祖之功德律儀乃宋國之有民永綏安厥上公之位範汝
矣不特蕃王室而已又能宣揚教化毗輔予一人之
治功也不特弘乃祖而已又能垂統後昆使爾子孫
世世承享其德澤也不特律有民而已萬邦諸侯亦
且以爾作法式也不特永綏厥位而已俾我有周待
爾之心亦且有加恩禮而無厭斁（音亦）矣爾可不欽承之
哉嗚呼今汝往哉惟必休美爾一國之政慎無廢替

朕所命之言不加之意也。

康誥

史臣記。周公攝政之七年。惟三月哉生魄之十六日。始

周公以殷民難制不可無地以居之於是初基作新大邑于東國洛。而有王城下都之建。乃在洛四方之民不辭版築之勞。而大來和會於東郊。民之勤如此。侯甸男邦采衛之百工。官皆鼓舞播揚民心之和。使益見士于周。事百工之勤又如此。周公實總攝其事者。於

是咸致其勤。亦不敢以自逸也。乃用役書洪大誥臣民以治洛之事。使民知所以見事。臣知所以播民焉。

此洛誥之文。當在周公拜手稽首之上。

史臣記武王以其同母弟康叔爲衛侯。作誥諭之。若此。

曰孟侯朕其弟小子封。先尊之。又親之也。夫爲治之要。不過導之以德齊之以刑而已。惟乃丕顯考文王洞見治原。留心政典。克明明德。以爲感化人心之本。又克慎刑罰。以爲防範人情之具。其造成周家基業。只在此兩端而已。歷舉其事。則不敢輕侮鰥寡。無告之人。庸（用）所當庸（用）。而非過舉也。祇（敬）所當祇（敬）。而非私恩也。其明德。有如此者。威所當威。而非罔民也。其愼罰有如此者。由是盛德顯聞於民。而民心歸之。用肇（始）造我一區之夏。而撫有岐周豐鎬之地。越（及）我一二鄰邦。皆慕德畏威。漸以脩（治）我西土之人。惟時怙（音戶）恃如父。冒戴如天。文王之得民如此。由是明德昭升。聞于上帝。上帝休美其所爲。天乃大命文王。殪（壹計反）滅戎（大）殷。誕（大）受

厥命而有天下越厥庶邦厥庶民皆歸於德化惟時（及）（是）
莫不各得其理各就其敘是我周之王業蓋已成於
文王之時矣及乃寡德之兄繼之又勗焉不怠紹先（汝）（許玉反）勉力
德以成先業肆汝小子封得以席其餘蔭享有封爵（故）
在茲東方之土地耳武王曰嗚呼封汝當思念而不
忘哉今汝治民將在祗敬遹述乃文考之緒尚思繼（音聿）（汝）
紹前聞而衣行其德言尊所聞行所知毋徒託之口（於既反）服
耳之末焉可也然此特當代耳又汝所封之地乃殷

之舊都。故今往治其民。當敷求于彼殷先哲王經世之迹。用爲保乂斯民之準矣。汝當不遠惟商家耇（音狗）成之人。若伊傅諸臣者。法此以宅其心。斯知所以訓民也。然此特近代耳。又當別求聞由於古先哲王堯舜禹相傳之道。用爲康保斯民之範矣。夫學貫古今。衆理該通。無不恢弘于性天之中。而充然有餘矣。若此則其德自裕乃身。泛應曲當。無所處而不空。而必不廢此在王之命。可以長保其國家矣。汝康叔其尚勉

之哉。武王曰。嗚呼。小子封。爲人上者。當以萬民爲一

體。視民之不安。如恫（普通）（痛）瘝（姑還反）（病）之在乃（汝）身。可不敬（誠）以保之哉。

天命不常。雖甚可畏。然必棐輔其有忱者。民情之好

惡。雖大畧可見。然小人固爲難保矣。汝今往之國。必

盡乃（汝）心。於近逖遠。暬愼無自康而好爲逸豫之事。如

此。乃其能乂民。而小人之難保者。庶乎其可保耳。我

聞古人有曰。上之致怨於民。不在於事之大。亦不在

於事之小。惟看於道理。惠（順）與不惠（順）何如。於政事。懋（勉）與

不懋〔勉〕何加耳。豈果在事之大小哉。夫意可已於此哉。

〔汝〕〔事〕汝惟小子。乃今日之服職。惟在於推弘王室德意承流宣化和。應保安殷之餘民。消融其强梗弗順之習。也。亦惟當上助王室以永宅〔安定〕保天命。宣力於外。鼓舞作興以新民俗也。武王曰。嗚呼。封。刑罰民命所關。必〔汝〕須敬愼以明審。乃罰。不可率意任情以致有寬縱枉濫之失也。其道在原其情之輕重。以定其罪之輕重。

人有犯小罪者。然其情非由眚過。乃惟終而故犯。自

作不典式意而爾者。雖有厥罪甚小。乃不可不殺也。用

乃有犯大罪者。然其情非由故終。乃惟無心眚過。出

於不幸之災適。然而爾。且既自服。稱道其事。窮極厥偶

辜。無所隱匿者。時乃不可殺也。武王曰。嗚呼。封。刑罰

本都有當然之次敘。汝時乃當詳審精察於聽斷之

間。大明其輕重取舍之等。則下情洞燭。有以畏服乎

民志。惟民其莫不互相戒勅而懋於和順矣。其去惡

若其身有疾病。多方以救療之。則惟民其畢棄其平

日之咎惡。而速改以自新矣。其保善若慈母之保赤子。加意愛護。則惟民其相勸勉而同歸於康乂治之域矣。今夫罰之大。在刑與殺。然皆不過奉朝廷之法以從事耳。非汝封可得而擅刑人殺人也。須務秉至公以臨之。無或作威而濫刑人殺人也。又曰。罰之小。在劓與刵。然不過據情法所宜而施行耳。非汝封又曰可得而擅劓刵人也。（音義）劓（音鼻）刵（音貳）截耳又曰二字。依本註。當移在無或刑人殺人之下。須亦必秉至公以聽之。無或恣忿而過劓刵人也。武王曰。汝

今往治衛凡外而有司訟獄之事。豈能一一親理但
汝陳列時臬令使人有所遵守可也。然亦不必別出
是（魚列）及法
己意創立條欵惟當由舊法。使有司講求師範茲殷
罰所遺有倫敍可行者。蓋用殷法以治殷民。則法有
所準而民心亦無所眩矣。又曰。刑罰一成。而不可變
者也。倘遽爾斷決。及知其枉而悔之晚矣。今後凡遇
緊要囚犯。雖是罪狀明白。猶服膺想念自五六日之
間。以或至于一旬一時之久。必其情眞罪當。果無虧

枉。然後丕奮威。蔽緊要囚犯。加以重刑。其盡心如此。

豈復有冤民乎。武王曰。汝於外事。固率由殷家之舊。

數陳時臬事而有罰者。蔽之以殷之彝法矣。然一

於循舊。將至於拘泥而不通。故用其義刑義殺宜於

時之法。求以不失先王之意可也。然過於隨時。或將

至於任情而自用。故又當虛心審鞫。勿庸以遷次汝

封喜怒之私情也。乃汝不泥古不循己。盡遜於義。雖

曰既時有倫敘。惟猶當曰未有能盡遜於義之事可

也。意猶惓惓可已於此哉。汝惟小子封。年雖少而心獨善。我觀諸臣。未其有若汝封之心者。是汝之心。惟我知之。若朕不忍之心。朕好生之德。亦惟乃知之。汝之與我相契如此。宜常體此心以臨民。毋負初意可也。凡民因人誘陷而得罪。猶可原也。然其身自甘冒法網而得罪。或刼人而爲寇。或奪人而爲攘。或在外爲姦。或在內爲宄（音軌）殺傷顚越人于取貨財。如此暋（音敏強）狠不畏死之人。罔人弗憎憝（徒對反惡）之。若用法於如是人。則刑當其罪而人無有不稱快者矣武王曰封寇攘奸宄之人奪財貨而致人於死固爲元惡而大可憝矣然於大倫尚未有關也矧惟不孝不友之人爲子弗能祗（敬）服厥父之事大傷厥考（父）之心以致于父亦不能字愛厥子乃疾惡厥子是父子相夷矣于弟弗念天之所定長幼顯然之倫敘乃弗克恭敬事厥兄以致其兄亦不念父母鞠養子之哀勞大不友于弟是兄弟相賊矣惟人敗壞人倫滅絶天理弔（音的　至）於如茲比之寇

盜姦宄。其惡尤甚。苟不干我爲政之人得罪則人無所懲。風俗由此壞。爭亂由此起。天惟所與我之民彝。必大泯（音敏）滅而紊亂矣。曰乃其速由文王所作之罰法。刑茲不孝不友之人可無赦也。（記點反法）彼民之不孝不友。而不率教化者。固可大置之於憂矣。矧惟爲臣若外庶子以訓人爲職。與惟厥正庶官之人越（及）小臣之有諸符節者。與平民不同。乃又別播敷條教。違道以取悅時俗。要求造民之大譽。視君上委任之意。漠然弗加省念官守之法都廢格而弗庸（用）以瘝（病）厥君上動搖國是惑亂人心時乃引長惡業無所忌憚惟朕所甚憝（怨）也刑其可已乎汝乃其速由茲文王所作合義之刑而率以戮殺之無赦爲人臣誣上行私者之戒可也若汝亦惟君惟長而不能齊厥一家之人使與仁興讓以爲國人之範越（及）訓厥小臣外正之臣使奉公體國以清紀法之守惟依勢作威惟倚法爲虐別恃嚴刑峻罰以爲整齊臣民之具大放棄君王至重

之命乃以非德而用乂治焉是汝且不能奉君命又何以責臣民也哉汝亦罔不克敬守國家之常典乃當由是而求裕民之道惟文王之敬而有所不忽忌而有所不敢也乃期裕其民曰我惟必有及於文王則予一人望汝之意亦以悅懌矣武王曰封我爽（明思）惟夷民當迪導之於吉祥安康之地自可無事於刑罰之加矣我時（是）其惟（思）殷先哲王之德用以康乂其民而期與之相作匹（等）求焉是我今日之責也矧今此殷邦

之民。雖淪習染之汙。而其良心善性。猶有存者。故罔迪之而不適者也。苟不有以迪之。則爲罔政在厥邦矣。武王曰。封予惟今日代商而有天下。誠不可不監視殷先哲王所爲而法之以化民也。汝同有應保殷民之責。乃告汝以用德之說。預端其化原。然後于罰之行。用以濟乎德化之不及耳。今惟此殷民。甚不安靜。未能戾厥心之狠戾。雖委曲迪導已經屢次。舊習尚在。未能上同乎先王之治。是我上負天心之託而

下魂君師之任。爽惟天其將罰殛我矣。而我其不可

怨也。蓋萬方有罪。在予一人。惟厥小民之罪無在大。

亦無在多。即至微甚少。亦是上人失教之責。矧曰其

元惡大憝不孝不友之俗。尚顯然著聞。上通于天。則

罰殛之加。又何以自解乎。武王曰。嗚呼封。汝其敬之

哉。愼無作可怨之事。勿用非善之謀。非彝之法。惟蔽

以時忱。而丕則古人之敏德。用此以康定乃之心。不

爲邪說搖亂。用此以顧念乃之德。不至工夫間斷。用

此以弘遠乃之猷。不狥目前之計。但寬裕不迫乃以待民之自寧。誠能勉而行之。則爾德既純。我必不以汝爲有瑕疵而殄絕之。即可以長保其國矣。武王曰。嗚呼肆汝小子封惟上天之命。予奪不于常。善則得之。不善則失之。至可畏也。汝其念之哉。無或以不善致敗。自我殄絕其所享之國也。宜昭明乃章服命數。不敢僭踰。高尊乃所聽於我之言。不敢卑忽用。此以康乂其民。則君命無違。而天命永保矣。武王於終致丁寧若此曰。汝往之國哉。小子封。勿廢替所當敬守之常典。聽受朕所告汝之言而服行之。乃能如此。以其得於殷民之故。因以世享其國矣。

酒誥

史臣記。武王既封康叔於衛。衛地素染殷紂之惡。臣民酗酒敗德。故作書以戒之。若此曰。汝往之國。當必衛國 汝敬

明宣揚我訓告之大命于妹邦臣民。昔者乃穆穆敬 始德之皇考文王。肇立國在西土。厥時受命爲方伯。亦

嘗憂其湎酒。乃誥毖（戒謹）庶邦之官長庶士。越（及）官副少正。凡御事之臣。每朝夕慇懃曰。惟祭祀則可用茲酒。惟（大）上天降命於世。肇令我民作酒。惟爲郊社宗廟之元祀。藉此以行灌獻之禮而已。非以資民之酣飲也。後人失其本意。飲而不知節。於是上天降威於人。我民之心志。用大荒亂。而虧喪德。行是天欲覆其身家。然考其故。亦罔非因飲酒惟行（下孟反）。而沈湎失節矣。越（及）小邦大邦之諸侯。縱欲敗度。用喪其政綱。是天欲喪亡其國家。然考其由。亦罔非因飲酒惟辜而沈湎忘反矣。則酒之爲禍。亦烈矣哉。我文王既告庶邦臣民。又專誥教羣臣之小子曰。汝年雖幼少。然各有官正。卽有職事。無彝毋同常於飲酒以負其官職也。越庶國之中。其飲酒惟當於祭祀之時。然飲之亦有節。以德將持無或至於醉而內荒心志。外喪威儀可也。我文王惟於民之小子亦進而教之曰。我民爲父老者平日當訓迪導其小子惟使之知土物之可愛而勤稼穡。服田畝。則

厥心無外慕。良知日呈。無不臧矣。而民之爲子孫者。善
亦當聰其耳。以聽祖考之彝訓。而服行之也。越其日於
用飲食之小德。與夫綱常倫理之大德。則爾小子惟
當一體視之。無所不慎矣。勿謂謹酒是小德不足爲
也。我文王之戒酒者如此。今妹土之民。我非禁汝斷
酒而不飲。但酒亦有當飲之時。如務農者。能嗣續爾
股肱之力。純其脩農功。樹藝黍稷。不憚耕作之勞。奔大
走服勤。以事厥考厥長。其爲商者。能肇於貿易。牽車父 兄 敏

牛。載貨物。遠服（事）商賈（音古）用。其所得。以為孝養（羊亮反）厥父母之資。厥父母甘旨有賴。必心生喜慶。到是時手自洗（蘇典反）潔器皿腆（他典反）厚供具。皆以進之於父母。因致用酒於家庭之間。獻酬承歡。可以篤天倫之樂。亦何不可之有哉。

汝妹土之臣。庶士之有正者。越庶官之伯（長）。在朝之衆君子。其爾當典（常）聽朕之教誨。不可有違。令我非禁汝斷酒。而不飲。但酒亦有當飲之時。爾等大克羞耇老。及惟侍飲於君之時。爾乃執爵舉俎。盡其誠敬勸酬浹洽。飲食醉飽。亦不爲過矣。又以事之丕者惟曰。爾若克永常久觀內省。凡念慮作爲。悉稽乎中正之德而無過差。則可以交于神明。爾尚克進羞饋食之祀。因以膺飲福之惠。爾乃雖自介副於神。用爲逸樂飲宴。亦無害矣。除此等之外。斷不可崇飲以自暇自逸。如茲乃允惟爲王正事之臣。如茲則亦惟天若順其元德。可以永眷顧不忘其在王家矣。夫能一謹酒而衆善咸集。爲臣者可不勉哉。武王曰。封。我舊邦西

輔　往

士。棐佐文王。徂日之邦君。御事小子。尚克用文王㱃酒之教。都不敢腆厚于飲酒。是以內則職業修舉。外則俗化淳美。馨香登聞。皇天眷之。故我至于今日。克受殷之命。以有天下。實㱃酒之明效。而文王之餘蔭也。武王曰。封。我聞之。前人惟曰。在昔殷先哲王成湯。迪畏上天之顯命。與小民之難保。不敢有怠

蹈

慢。則聖敬日躋。其處己也。經其德。而不爲外物所變。其用人也。秉其哲。而不爲小人所惑。則其垂統者。無

不善矣。自成湯咸至于帝乙。中間七王。皆是賢聖之君。世守家法。而成就其王德。又皆敬畏其輔相（息亮反）尊禮而崇信之。以共圖國政。惟當時御事之臣。厥亦皆盡心棐輔其君。有責難之恭。夫商繼世君臣。同一敬畏。不敢自寬暇自逸豫如此。暇逸且猶不敢。矧曰其敢崇尚飲酒乎。不止御事之臣。不敢崇尚飲酒。越在王畿之外服侯甸男衛四等諸侯。與諸邦之長伯。越在王畿之內服百官之僚屬庶官之尹。惟官之亞副。惟服事之職宗工著姓者越百姓之退休於里居者凡此内外諸臣都罔敢沈湎于酒不惟畏懼法度不敢放縱飲酒或勉於職事或勉於德業亦不有閒暇可以宴飲也惟欲上以輔助其君成就王德使顯著而不至昏昧越下以輔助尹人使祗敬其辟（君）而不至懈怠此所以不暇也我聞亦惟曰在今後代嗣王紂之爲君乃不法先王之敬畏縱酒以沈酣其身遂致朝政荒廢凡厥所布之命令都昏亂顛倒罔有顯

然昭示于民者其所祗而保守者在越（於）酷刑暴斂結

怨之政不肯改易終日之間誕（大）惟厥縱放淫泆（音逸）于非

彝之事如奇技淫巧酒池肉林之類無所不至用此

燕安而喪其威儀故下民見之罔不盡（迮力反痛）傷其心而悼

殷國之將亡矣紂方偃然肆於民上惟荒怠益腆于

飲酒只圖逸豫爲樂不惟（思）自休息乃（汝）之逸厥心爲

酒所使忿疾強很（下墾反）不克畏於其身之死辜惡貫盈在

於商邑越（又）殷國滅亡亦甘心無所省罹（鄒知反憂）弗有惟德之

大

馨香之祭祀登聞于上天誕惟民心怨畔但有庶羣沈湎者皆自酒而其腥穢之德聞在上帝耳故天心棄絕商紂降喪亂于殷邦罔少愛惜于殷若此者惟紂縱逸失道自絕於天故也是天非有意於虐殷惟殷民酗酒荒淫以自速其罪辜耳人實爲之天何尤乎武王曰封予不惟若茲多言誥戒蓋聞古人有言曰凡人無於水而監視焉監於水則不過照見人之妍醜而已亦何益哉當於民而監視焉監於人則

其行事得失了然明白可以為我之從違也其如此今惟殷人縱酒自速其罪墜失厥天命我其可不以殷之失大監視為戒以撫安于斯時乎予惟又曰汝

丘八反用力

當劼毖戒殷之獻臣與鄰國侯甸男衛眾諸侯殷民觀望所係者使之不湎於酒也然此尚其遠者耳風化當自近者始別於太史掌六典八法八則而汝之所友者內史掌八柄之法而汝之所友者越其獻臣

及

百僚宗工可不預戒之乎然此尚其卑者耳倡率須

自尊者始。矧惟於爾之所事服休坐而論道之臣。服采起而作事之臣。又可不預戒之乎。等而上之矧惟若之疇匹而位三卿。圻父司馬掌薄伐違命之政者。農父司徒掌若保萬民之政者。宏父司空掌經界定辟之政者。尤宜正己率屬同以戒謹爲事也。然此皆責之於人者也。矧汝之身。乃一國之所視效者。故尤當剛果自持以制于飲酒沈湎之習而端表率之原矣。厥或有人誥於汝曰。殷民有無故成羣相聚飲酒者。此等之民不服化誨怙終不悛者也。汝勿縱佚（音逸）而不執。必盡執拘械以歸于宗周予其將殺之矣。又惟殷受之導迪爲惡之諸臣惟百工乃雖沈湎于酒未能遽革。然勿驟庸執拘之例。徑殺戮之姑宥惟教訓之。使之悔悟。知所省改也。今汝於商諸臣有能遵斯我羞者饋祀之言乎我則明揚之而享之以爵祿。乃不遵用我之教辭而沈溺於飲酒之故習。不肯改變。惟我一人弗復愛恤之。彼弗能洗滌其舊染之汚。

以潔蠲乃事，則時其罪同于羣飲之殺矣。武王曰：封。汝當典聽朕所毖戒之言，奉行遵守以化導殷邦臣民，不可懈怠。若汝勿辯乃百官有司之飲酒，則民終將湎于酒，不可禁矣。蓋上行下效，捷於影響，先羣臣而後百姓，此施教之序也。汝封其終念之哉。

梓材

史臣記武王誥康叔曰：封。欲治國者必當以通上下之情為先務。諸侯有巨室，乃國之所觀望，不得其心

何以爲治。必以厥國中庶民暨厥群臣之情得於我。（及）
而達之於大家。以致其悦。大家致悦而一國益慕之。
無有抑遏而不通者矣。諸侯有國。受之天子。上下不
交。何以爲治。必以厥臣民大家之情服於我。而達之
於王。以致眷顧。王致眷顧而天下交泰。無有阻隔而
不通者矣。若此者誰任之。惟是邦君爾。邦君上有天
子。下有大家。能通上下之情。而使之無間者其職如
（常）
此。汝封當若此恒發越寬刑之令。以曉諭群臣。曰我

有相師師之官。司徒司馬司空官之尹。旅大夫。如或用刑皆當體君意乃言曰民命至重予欲罔厲威虐以殺人也。汝封誥羣臣。當如此。然以言示人。不若以身倡之。亦爾封爲厥君者。先恭敬勞來其民。常務哀矜愼重。不肯輕忽。則其爲下者。孰不效之肆〔遂〕三卿尹旅。自此徂〔往〕後。亦必厥思盡敬勞之職矣。肆〔遂〕爾自今以往。於姦宄殺人歷人因罪人所過或知情或藏匿或貲給之之大罪。能察其情。其可矜可疑者。即宥而不誅。許令自新。則其爲下者。孰不效之肆〔遂〕

羣臣亦見厥君之行事於戕敗人之小罪其可矜可疑者。亦能宥而不誅。以仰承好生之德矣。夫王者所以啓置監國。立之君而輔以臣者。厥亂本以爲民。使俱得生養安全而已。考其命監之詞。曰。凡爾君臣無胥戕殺其民。使陷死地。無胥與虐害其民。使被荼毒。至于哀敬人之寡弱者。而無敢狎侮。至于聯屬婦之窮獨者。而無令離散。又推而保合一國之民。率由是哀敬聯屬之道。以容畜之。使人人各得其所焉。其

治

命監之詞如此。夫先王其所以諄諄告諭責效於邦君越御事者。厥命曷以哉。亦惟欲刑罰無濫。務導斯民引掖之於生養之道。又引誘之於恬安之地。而使不至顚危耳。自古王者之命監國。其意若茲。爾今爲監國。其罔攸過用乎刑辟以戕虐人可也。武王惟曰我之於衛除殘去暴。固已開其端矣。而所以防閑之者則在於汝。譬若稽田者先既勤勞用力敷菑去草萊。不使爲禾稼之害。惟其必須陳列修理爲厥田之疆畎與通水之甽(工犬反)渠。使足以備旱澇。而後治田之功有成也。我之於衛國。分土建邦。固已肇其業。而所以培植之者。則在於汝。譬若作室家。既勤勞用力。築起四圍之垣(音容)墉(音庸)。惟其用泥塗為塈(奇寄反)飾。用茅茨(在私反)為苫蓋。使足以蔽風雨。而後作室之功有成也。我之於衛立綱陳紀。固已創其制矣。而所以潤色之者。則在於汝。譬若作梓材。製器用者。先既勤勞用力。具粗樸(音朴)之質。又加彫斲(音卓)。惟其塗飾丹雘(屋郭反)之采。使文質相稱。足以備觀美而後製器之功有成也汝往之國當體我意而務之矣周臣告君曰今我嗣王惟當曰先王文王武王深念藩屏之重既（盡）勤用明德推誠加禮以懷服天下之諸侯使遠方都爲親夾（近）情誼不至閒隔其厚如此由是庶邦諸侯感發興起而敬享其上其友愛之情作如兄弟凡遇朝覲會同之事各以其方而來亦既（盡）循禮守法無有不遵用文武之明德者夫后式（後王用）明德之舊典而懷集（和輯）其下則庶邦亦以明德而不（大）享

其上。嗣王其當法先王也。此章以後臣下進戒商紂之辭、簡脫誤在此。暴虐得罪於天。於是皇天上帝鑒我周之德。既付中國人民越厥疆土于我先王文王武王。使之代商而有天下。肆嗣王纘承歷服。亦當惟明德是用。不在乎法制禁令之末也。乃和懌先後迷惑染惡之民。使之歡欣鼓舞。樂於趨善。振作興起。果於爲善。用是以安慰悅懌先王文武受命在天之靈。使無復顧慮。可也。其意惓惓。可已於此哉。若茲所陳。王其監視於此。

不可輕忽。所以欲王監之者。果何意哉。惟曰欲王之法先王用明德。可以綿歷數於悠久。自今日以至于萬年。惟我王之子子孫孫。永保其民。此我所祝願於王也。王其可不勉哉。

召誥

史臣記。周舊都鎬京。武王克商。以洛邑天下之中。欲遷都於此。至成王時。始經理之。洛邑既成。召公作書。陳戒於王。惟二月既望。越六日乙未。成王以是日之

十六日　二十一日

朝步自周（鎬京）京則至于豐。以宅洛告于文武之廟。示不敢自專也。惟使大保召公先周公行相視洛邑所宅之處。召公自豐越若（逶邐）來。時三月惟丙午朏（音匪）（三日）越三日（五日）戊申。大保以是日之朝至于洛邑。乃命元龜卜宅都之地。厥既得吉卜。則遂經理營度其城郭宗廟郊社（七日）朝市之位。越三日庚戌。大保乃以已遷在洛之衆庶殷民攻治都邑之位于洛水之汭（水北）（十一日）越五日甲寅。則左祖右社前朝後市之位皆始成就焉。（十二日）若翼日乙卯。周

公以是日之朝亦至于洛邑則徧巡達觀于新邑所
經營之地越三日丁巳十四日以營洛事祭告天地用牲于
郊其牛二也越翼日戊午十五日乃祭告后土之社于新邑
其牲則牛一羊一豕一也越七日甲子二十一日周公乃以是
日之朝用役書親命庶殷之民與其四方侯甸男服
之邦伯使之分命諸侯傳布於下厥既以役書命殷
庶民於是庶殷之民丕大歡欣鼓舞作趨事興從役忘其爲
勞夫殷頑民且然則四方之服役者可知也經營洛

邑之事既畢。周公將歸鎬京。大保召公乃先以庶邦冢君出外取其贄見幣物。乃復入併巳告戒成王之書都付錫周公曰。我今拜手稽首。以書幣旅愚意於成王若周公。今新都鼎建。要誥告庶殷之民以作其友順之風。化其怙侈之習。則其根本越自乃成王御事始。周公其以此達之於王乎。乃告成王之辭曰嗚呼。皇天上帝。其命靡常。昔紂受天命。爲元子。而有大國殷矣。及其無道得罪於天。遂改革厥元子之貴與茲大國殷之命。使我周代之。惟今成王繼文武而受命。尊爲天子。富有四海。固有無疆惟休之事。然天無常親。善則得之。不善則失之。是亦有無疆惟恤之事也。嗚呼。王曷（何）其柰何弗敬哉。今天既遐（遠絶）終大邦殷之命矣。然茲殷多成湯以下先哲王。其精爽在天未嘗亡也。彼豈不能哀祈於天以保佑其子孫乎。但越厥後王後民紂之爲君。茲服受厥明命。不能敬其德。厥終播棄黎老。使賢智者退藏。崇信奸回。使瘝（病）民者在位同惡相濟。毒害其民。民夫困虐政。無所控訴。但知保抱攜持厥婦子以哀籲（音喻號）於天耳。及徂厥逃亾。（注）則方出便見拘執。無地自容。民之可哀甚矣。嗚呼。天亦哀憐于四方之民無辜受害如此。而其眷顧之命昔在殷者。今改用屬於懋（勉）德之文武矣。祖宗德澤之難恃如此。王其監此。只思繼述疾敬脩其德可也。天命無常。常於有德。我相（視）古先民有夏禹王之聖。天既啓迪之而成就其德矣。又從其子而保佑之。使繼世

之賢足以敬承其道當是時禹亦仰面〔鄉〕稽考天心而

敬若〔順〕不違凡所以凝固天命者無所不至乃桀爲無

道今時既墜失厥天命而商代之禹之德澤其可恃

乎我今相〔視〕有殷成湯之聖天既啓迪之而成就其德

矣又使其格正夏命而保佑之遂纘禹舊服以有天

下當是時湯亦仰面〔鄉〕稽考天心而敬若〔順〕不違凡所以

奉承天命者無所不至乃紂爲無道今時既墜失厥

天命而以我周代之湯之德澤其可恃乎天命之去

留。惟在君心之敬肆。可不慎哉。今王沖子而繼嗣君位。則無遺壽耇之臣。而任用之可也。壽耇之臣亦各有所長。曰其能稽考我古人帝王之道德者。是其聞見廣博者也。固不可遺矣。矧（況）於曰其有能稽考謀度。皆自天意者。是其智識高明者也。尤不可遺矣。嗚呼。我有王年雖小。而上帝之元子。受天命爲民主。其責任亦大哉。王其丕（大）能諴和于小民。使之安居樂業。歡欣鼓舞。無有乖怨之意者。實爲今日之休美矣。夫民雖若至愚。其心嵒險可畏。王當不敢有後於敬德。

用顧畏于民之嵒（音嚴）險可也。今洛邑新成。王來此紹上

帝。爲治其責至重。凡典禮命討。當自留心服行于此

土之中。以總攬萬機也。此非臣一人之意見。周公旦

亦曾曰。今其作大邑。豈徒爲逸豫之計乎。其自時當

作君作師。以配對皇天毖（音祕）。稱殷禮。以享祀于上下神

祇。其自時當宅中圖乂。以誠和萬民矣。此旦之所言。

即臣期望於王之意也。王厥果能勉而行之。庶幾民

心悅而天意得。有一成而不易之命矣。治民至於格
矣。乃尤爲今日之休美也。王其可不加意哉。王今自
服土中固以化民爲要。然化民當自臣始。王要先化
服殷家御事之臣。使之親比副介於我有周御事之
臣。漸涂陶成。相觀爲善。以節制往時驕淫之性。則惟
日其邁於善而不能已矣。君身者群臣所視效。要化
服殷之諸臣。必先謹乎君身。王當以敬作安身之所。
動靜語默。出入起居。常在於是。不可須臾離也。若不

能以敬作所。則此心放縱而德壞矣。王不可不敬德以爲化服臣民之本也。今我王不可不監視于有夏。亦不可不監視于有殷。若二代之君能敬者。則宜以爲法。不能敬者。則宜以爲戒。我不敢知曰有夏禹王服受天命。惟有歷年四百爲何故。我不敢知曰夏桀嗣位遂至亡滅。不能其少延爲何故。惟我所知者。桀作威殺戮。不能敬厥德乃早墜厥命耳。我又不敢知曰有殷湯王服受天命。惟有歷年六百爲何故。我不

敢知曰殷紂嗣位遂至亡滅不能其少延爲何故惟
我所知者紂沈湎暴虐不能敬厥德乃早墜厥命耳
蓋天命長短皆不可知而敬德在我所當自盡王其
可不監於夏殷哉今王嗣位昭受厥命雖天眷維新
然我今日所受之命亦惟茲夏殷二國所受之命非
二也如禹之祇德湯之懋德都是有大功德者今王
當嗣若此之功德以凝固天命可也況王乃初政服
行之始天命去留所係甚重乎嗚呼譬若人家生子

都罔不在厥初生幼年之時能習於爲善則知識日開聰明日發是自貽明哲之命也夫人君能謹於初政習慣自然必是聖賢之君又與自貽哲命何以異哉是在吾王自勉而已如今之天意其或命王以明哲之德乎或命之以吉乎以凶乎或命之以歷年長久乎此都不可知所可知者只在今我初服政所服行何如耳吾王可不以敬德爲急務哉我王來宅新邑

今

洛正初服之時遠近臣民無不瞻仰肆惟王其及時

奮發疾敬德以爲誠和小民之本不可有一毫怠緩之心也。王其唯敬德之用以和民使人心悅而天意得以祈禱上天永久之命行國祚於千萬年豈不美哉。其惟王當急於敬德緩於用刑而勿以小民無知淫(過)用非彝(常)之故亦遂果敢於殄戮用乂(治)之也民愚而神能若(順)其性而利導之則非彝之習自然化爲用德而可以有成功矣。何用殄戮爲哉。其惟王之位在敬德之元(首)心使德與位稱。巍然立於萬民之上。則小民

乃惟儀刑而感發興起用德于天下也如此則越王
之德益以顯然著明矣自今我君臣上下皆當夙夜
勤勞憂恤其相與期望曰夏有天下四百餘年殷有
天下六百餘年享國甚久今我周受天命必不若有
夏之歷年又式勿替有殷之歷年務期兼夏商之歷
數而有之可也然歷年長久豈必他求惟欲王以誠
和小民副天意而受上天之永命耳君臣所當勤恤
者莫大於此也召公於是拜手稽首致敬曰予小臣

敢以王之讎民（殷頑民）。凡百君子（殷諸臣）越（及）我周友順之民。使之並

保受王威令明德。罔不遵奉法紀。服行教化者。是乃

臣之所能為也。然王之一身。又臣民所視效。尚王自

今當益脩敬德。以誠民。末（終）有天之成命。而不替。則王

之令聞。亦顯於後世而無窮矣。此則在王而不在我。

我非敢為與有勤勞也。惟恭奉幣帛於王。用供給於

王能祈天之永命而已。召公於篇終。深致責難之忠

如此。

洛誥

周公卜都於洛。王是遣使告卜於王。乃拜手稽首致敬而授之以詞曰。今作洛之事已定。朕敢復白於子明辟。蓋周公於成王。以親則爲兄之子。以尊則爲君。故以子明辟呼之也。康誥篇首四十八字。當移在此節之首。

今王乃以幼冲退托。如弗敢及知上天成始之基命。與成終之定命。都付之大保與我。故予乃胤大保而往大相視於東土洛邑。規畫布置。其庶幾爲王始基作民明辟

之處也。予惟以三月乙卯（十二日）之朝至于洛師（京師）。我先卜河

（北）朔黎水交流之間。殷民近便之地。不吉。我乃改卜澗

水之東瀍（直連反）水之西。以爲王城朝會之地。而灼龜之兆。

惟近洛水之墨食焉。我又卜瀍（直連反）水之東。以爲下都處

殷民之地。而龜兆亦惟近洛水之墨食焉。而得吉兆。

則作民明辟之地。無以易此矣。茲遣伻（補耕反使）者來於鎬京。

獻以洛之地圖及獻所卜之吉兆。庶幾定都之始終

可考而知也。成王拜手稽首。以其禮乃授使者報復

之辭曰公不敢不敬承天之休命因來相視洛邑之
居宅以安處臣民其以作我周匹（配）答上天休命之地
也公既經營定居宅令特遣伻（使）者來使者之來視予
以卜兆之休美而恒吉者此豈我一人能獨當之哉
惟我與公二人共貞（當）其美也且我據卜觀圖規模
弘遠乃知公之宅洛用意深長非徒爲一時之計其
正欲以予萬億斯年據形勝以朝百辟都要會以臨
兆民用敬承天之休命於無窮耳故我拜手稽首以

謝公教誨之言周公將迎成王於洛而歷告以宅洛之事曰王其當肇稱殷禮祀于新邑臨鎮之時如天地神祇社稷宗廟載之祀典者固無不祭矣其他可以義起者咸秩其尊卑上下之次雖祀典無文者亦無不祭以告成事報神賜矣予齊百工伻從王于周以適洛此時予惟將微示其意於衆曰此行乃吾王即政之初必有政教號令以新天下之觀聽庶幾其有所事乎爾等宐精白一心以聽王教詔之辭

可也。我之告衆如此。則今王宅此新邑。即當告命百官曰記載功勞宗尊顯者。於冊籍。他日舉大烝之禮。以報有功。當以功之最尊顯者作元首之祀。是不但尊寵於生前。而且光顯於身後矣。惟又當命之曰汝群臣有功者。既受此褒獎之命。益當感激殊恩。篤輔弼王室。以圖新都久大之業。今丕大視示此紀功之載籍。使衆人都共見共知。則或公或私。自不能掩。而百工所爲其公其私。亦皆倣傚上人之所爲。乃汝王其悉自

教導百工也孺子王其可以孌倖親故而徇朋黨之

維 比

私乎孺子而其有所朋黨則自是其往百工亙相傚

傚無所不私也其亦無若火之始然雖燄燄尚微而厥

音艷

攸燒灼將次敘延爇弗得使其滅絕乎行私之害其

初尚微而終之流弊不可勝言如此今王圖治於洛

順 常

內治尤不可以不舉厥若行彝道如綱常倫理件件

修明及撫定國事如刑政紀綱一一振舉當常如予

攝政之時不必紛更所任使之人惟以見在宗周之

官工往適新邑。不要參用私人。壞了新政。伻百官知上

之意。嚮各即有僚。明白振作。以有勵精之功。惇厚博

大。以成寬裕之體。如此則治道畢。而新政有光。汝王

永有美辭於後世矣。周公曰。我意有餘。言猶可已。於

此乎。汝惟冲子。王惟當念創造之艱難。而勉力以圖

其終也。夫諸侯朝貢於洛邑。其心有識與不識。汝王

其常常敬。謹自然清明洞達。無愛憎之私。乃曉識百

辟諸侯誠實享上者。亦曉識其有不誠實享上者矣。

享上多於禮儀而不在幣故禮儀不及幣物雖車馬充盈玉帛交錯都是虛文惟曰不誠實享上夫諸侯國人之所視效也諸侯惟不役用志于享上則凡一國之民亦皆效尤惟曰上位人可以幣交不必用禮享而舉國無享上之誠矣將惟人心放恣侯度不肅所行之事其必至於差爽僭侮矣不享之弊至於如此王可不端其本原而敬以識之哉汝乃惟孺子當勉力須布朕之所汲汲不暇者亦聽朕教訓汝于所以

棐輔民彝性之道。使民皆服從敎化可也。汝乃是不

（謨郎反勉）

能蘉勵於此。則民彝泯亂。而國危矣。乃時惟不永久

汝

哉。汝必篤敘乃正父武王之道。勿忘勿棄。罔不若予

爲政之時。則入亦不敢廢乃命矣。治亂之機。係於

王之勉與不勉如此。汝王往洛邑。其敬之哉。自茲以

後。予其將退休田野。講明農事。以遂歸老之志哉。汝

王若於彼洛邑。果能棐彝篤敘。盡心敎養以和裕我

至

民。則四方之人。皆感仰愛戴。無厭遠路。而用戾焉。況

於遹者乎。此周公教成王宅洛之事也。成王答周公曰。及留公治洛。乃若此曰。賴公明白保佑予冲子。不惟啓迪之無隱。而又維持之盡力。公歷歷稱舉人君丕顯德之事。以誨我焉。以使予小子繼志述事。振揚文王武王之光烈。又使予持盈保泰。奉答上天之眷命。又使予和恒四方之民。教養備至。不乖而可久。以安居此師衆於洛邑。此皆予小子所不能及。而公一一教之明保之功。何其大哉。公又使予小子惇厚功宗之將禮稱秩功最顯者之元祀則報功之祀行矣又使予首擧祀神之大典咸秩至於祀典無文者無不祭則祀神之典擧矣此都是公稱丕顯德以誨我者也我之賴明保如此其可遂有明農之志乎惟公之盛德昭明光顯于上天下地之間勤勞施布于四方之外旁無方所作穆穆和敬之德日新月盛以迎迓國家之治衡不迷失文王武王昔日所勤勞以教天下者此公德教在當時有可憑藉如此予冲子夙

何所作爲。只是夙夜以謹毖祀之事而已。公其可以遽去哉。成王曰。公於小子以其功績而言。所以棐助啓迪於我者。可謂篤矣。須咎明農退休之私。爲國家久遠之計。自始至終罔不若時（是）也。成王曰。公舉祀發政之事。今已行之。予小子其退而卽辟（君）位于周京矣。惟此洛邑。命公留後以鎭撫之。當今四方迪亂（開治）已致太平。公之功大矣。使我論功行賞。公必爲冠。但未定于功宗之禮。故亦未克敉（安定）公之大功。雖公未嘗望報而在朝廷誠爲缺典不可以言去也今公居洛邑必當興建事功恢弘治道廸將其留後之事業使有所監視於我士師工效職於洛者可也公當誕保安此文武所受於天之民使服於德義安於法制而亂爲我周四方之藩輔矣。成王於將歸之時又丁寧謂周公曰公其定止於此以治洛予則往歸於宗周已蓋公之大功人皆肅然奉將無敢違逆且祗而歡之無不愛敬公能係屬人心如此公愼無以退休憂困

當作我

哉蓋我令歸周望洽之心甚切惟汲汲然無敢斁怠

安

其康民之事公必終留治洛勿替其所以儀刑士師

工者則百僚競勸庶績咸熙不特洛邑之民安雖四

方之民其得以世世享公餘澤矣周公因成王懇留

故拜手稽首致敬以答曰王命予來此洛邑撫治殷

汝

民我豈敢不仰承王命以誕保乃文祖文王所受命

汝　大

之民越乃光顯烈考武王之意我將留後治洛以弘

展朕事上之恭敬也孺子王雖歸周當常來相視所

宅之洛邑。盡所以爲治之道。其大惇國家之典章。與
殷之獻民。使法度脩明。賢智效職。而亂功赫然爲四
方之新辟。作周家後王恭德之率先。此皆治洛之所
當務也。又曰。王其自時洛邑。盡宅中圖。乂之道。則萬
邦之大咸底於休美。惟王之治洛。乃有成績矣。王其
圖之。予旦敢以此多子衆卿大夫。越御事之臣。相與
效職於洛。以篤厚前人文王已成之功烈。以慰答其
師衆之仰望。作周家後臣孚信之率先。使各盡其事

君之道。考朕昭子王之儀。刑乃單文祖之德。澤使

成 明辟 殫 盡

溥博周徧。無所不被。此予之所欲自盡者。承保之責

其容以辭哉。周公留洛之後。成王遣使誥戒殷民。因

以秬鬯賜周公。禮數隆重。故周公復命於王曰。王特

使 曰許

使伻者來此毖勑殷民。乃以恩命來安寧予。賜以秬

反 丑亮反 音由 尊 音因

鬯二卣。其詞曰。此秬鬯之酒。乃明潔禋敬以祭神明

之物也。故我拜手稽首。以此休美之物。奉享於公以

致隆重王之命。寧我者如此。予不敢遽當此禮而宿 進

爵以飲也。則用此以禋祭于我文王武王。爲王祈福。盡臣子祝願之忱而已。乃祝禱之辭曰。我先王精爽在天。願陰誘王衷。使惠文武之道。篤厚之次敘之。以纘承先業而無失德。使身體康强。無有遘遇災害。以自罹疾病。使其子孫萬年厭飽于乃文武之德。亦如王之篤敘也。使殷民乃率德引年。享有壽考。亦如王之康寧也。祝辭既畢。又謂曰。王必躬行實踐。伻殷人乃有所感發興起。聽承今日教條之次敘。至於萬年。

其永觀法朕孺子之所爲而懷服其德也則國家之業可以保於勿替矣。十二月戊辰之日成王在新邑洛行烝祭歲舉之禮因以留周公治洛之事告於祖廟文王之前用騂（赤）牛一武王之前用騂牛一廟祭皆用大牢此用特牲者盛其禮也成王又命史官作祝冊之文當時史官名逸者遂爲祝冊惟告周公留守其後之意更不他及蓋重其事也諸侯之中王之所賓者至其殺牲禋祭之時咸格（至）助祭而王乃入太室之中用珪瓚酌秬鬯之酒祼（古玩反 灌）於地以降神其舉行告祭之禮如此。王命周公留後治洛祭告文武命史逸作冊史逸乃誥之皆在十有二月內也。惟周公留洛之後誕承保文王武王受命之民惟七年而薨周公留洛之始末如此

書經插解卷六終

書經插解卷七

讃岐　河田興猶興　述

多士

史臣記。成王既歸宗周。留周公治洛。惟三月周公初行事于新邑洛。因傳王命用告商王所遺之士。成王若此曰爾殷家所遺之多士。每懷反側。不肯順服。昔殷紂暴虐。弗為天所憫。弔旻天大降喪亡于殷。故我秋天有周受眷佑之命。奉將天之明威致王者之誅罰勅正殷命而革之。以終于上帝之事。非有所利而為之也。非爾多士。昔殷有天下之時。吾周家非以我百里小國敢有心弋取殷之命而伐之矣。蓋栽培傾覆者。天之道也。惟天不畀於殷。允罔肯保固殷家之亂。乃眷求明德而輔弼我之治。天位自有不容辭者。我其敢有求位之心哉。天之與民勢若相背。而其理實有相因者。今惟上帝之意。不畀於殷。於何見之。卽惟我下民之秉持作爲者是也。觀億兆夷人離心離德。八百諸侯背商歸周。則帝之不與可知矣。惟卽天威之明畏也。爾多士其可不愼哉。爾多士恐未釋然於我也。何不以夏商之事觀之。我聞古語曰。上帝與人以善。使之反己自脩。是乃引之安逸之地也。有夏桀乃喪其良心。自趨於危。不肯往適於安逸。其昏德如此。則惟上帝猶未忍遽絶。於是降格災異。以示意嚮于時夏。使知恐懼脩省。夏桀乃猶不知警畏。弗克庸上帝降格之命。大肆淫佚。而有矯誣上天之辭。惟時上天用不善其所爲。罔顧念而聽聞之。厥惟遂廢其元命降致誅罰而夏祚終矣上天乃命爾先祖成湯奉將天威爰革夏命以有天下成湯於是明揚俊民分布遠邇使之甸治區畫乎四方紀綱法度煥然一新焉自成湯至于帝乙中閒賢聖之君六七作罔不明德以脩其身恤祀以敬乎神亦惟以上天眷命旣不建立以定其天位又保佑以乂有殷國家使基業長安國祚綿遠其得天如此然殷王亦兢兢業業罔敢失上帝之心求賢輔治撫安萬姓罔不有配天

之廣大而務使其德澤無所不洽也。夫上天之眷命旣隆。先王之脩德彌謹。商業之永不亦宜乎。在今後嗣王紂乃昏迷失德。誕罔顯明于天道。天道且不能知。矧曰其有能聽念于先王之勤勞王家。而思所以敎法之乎。蓋商王沈湎暴虐。誕淫蕩厥放泆（音逸）凡慢天殘民之事。無所不爲。而罔顧于天之顯道與民之祗畏矣。惟時上帝不肯丕建而保又之。降若兹之大喪。使其國亡而身滅。實自作之孽也。惟天降大喪於

大

敬

殷而不畀之者何哉。由其不明厥德。罔顧於天顯民祇耳。凡四方小邦大邦之喪亡。皆罔非有辭于致其罰者。況商罪貫盈。而周奉辭以伐之者乎。成王若此曰。爾殷家所遺多士。今惟我周王丕靈（大善）承上帝所爲之事。肅將帝命。以討有罪。非有心而弋取之也。上帝有命於我周曰。殷王不明其德。爾往割絕殷之命。故我不得不與弔伐之師。戡定剪除。告其勅正殷邦之事于上帝。以復割殷之命也。惟我周伐殷之事。非出

於私一於從帝命而不貳適矣。天命之所在。孰能違之
惟爾殷王家自不容不我適矣。周不貳於帝。殷豈
能貳於周乎。我本未嘗爲遷爾計也。及三監倡亂武
庚誘動予其曰惟爾衆助虐。洪無法度。而思以遷之。（大）
故我今日之役不故意以爾爲勞動。其變實自乃邑（汝）
自作不靖。豈得已哉。予亦念天即于爾殷邦屢降大（就）
戾紂既以無道而誅。武庚又以不靖而滅。肆殷之故（罪）（故）
墟習染惡俗邪慝不正屢遭天罰不可復居。故使爾

避以趨吉，未必非爾之福也。成王又如此曰猷告爾多士，以殷邦屢降大戾，予惟時之故，其遷其居於商邦之西洛邑以處爾者，非我一人奉持其德不務康寧，故爲勞擾也。時惟上天之命，如此則爾等無違越可也。苟或違越天命，朕不敢有後命。但以刑罰加爾，是爾自取罪戾，無有以我爲怨矣。惟爾等既爲殷之遺民，豈不知爾殷之故事，惟殷之先人有冊書有典籍，以紀殷革夏命之事，皆爾所習聞也。夫周之革殷即殷之革夏也。爾何獨疑於今乎。爾等既知夏商革之事。而猶致疑於今者。我想今爾等之心其曰商革夏命之初。凡夏之士。皆啓迪簡拔在商王之庭有服列在百僚之間而周於商士。未聞有所拔用也。然今

予一人惟所聽用者德而已。肆(故)予敢求爾于天邑商。而遷之於洛。非故離逖爾土也。正冀爾率德改行。以為可用之地。予惟率(循)商家肆(故)事以矜恤於爾。亦將使迪簡在王庭有服在百僚耳。今之不用爾者。非予之

罪乃時惟天之命也。爾何爲有怨望之心哉。成王又曰。多士昔朕來自商奄（音淹）之時。爾等之罪皆應死。予大降宥爾四國民命。不忍誅戮。我乃止明致天罰。以商之所都邪慝不正。移爾遐逖洛邑。密邇王家。以比（親）事臣服我宗周。與周之臣子。朝夕相觀。使之化悍逆之習爲多遜之美。故其罰甚輕。其恩甚厚矣。今乃有所怨望乎。成王又曰。告爾殷多士。今予惟大降爾命。不敢爾殺。予惟時反覆革命。遷洛之意。而命有以申重告爾也。今朕作大邑于茲洛之地者。其意有二。予惟以四方諸侯朝覲會同。罔攸賓禮之地。故建王城以待之。亦惟爾多士攸服役奔走臣事我周。多有遜順之美。豈可無安居之地。故建下都以處之。我營洛之意。不過如此。爾乃尚保有爾土田。得以播穫。爾乃尚安寧爾所幹事與所止居。得以經營棲息我宅洛之意如此。爾克敬則凡事循理。爲天所福。天惟將畀與爾矜憐爾。使之得保守身家矣。爾不克敬則凡事悖理。爲天所禍。爾不啻家室竄徙。不得常有爾土田。予亦將致天之罰。以刑戮加于爾躬。身亦有所不能保矣。禍福所由在敬不敬之間如此。今爾絶反側動搖之心。爲專一從周之計。則惟時（是）得宅爾之邑。而繼承爾之居矣。不但此也。爾厥有營爲之幹。又有壽耇之年者。皆于茲洛邑焉。不但如是。自今以往。爾小子子孫開大基業。乃興未艾。實從爾遷以始之。此將以亾國之餘裔爲起家之始祖也。

王曰。當有闕文又曰時（是）予乃或言

諭爾多士之言反覆丁寧不一而足者無非以爾攸居止之土田爲念矣我爲爾多士計慮深遠如此爾可不體我之意而善自爲謀耶周公傳成王之命者如此

無逸

史臣記周公陳書以戒成王曰嗚呼君子主宰天下總理萬幾一念有失遂貽四海之憂一事有失或致千百年之患當爲所於其持敬服勤無懈逸也其道

何先務次下第一辛苦莫如稼穡人君雖身居九重尤宜洞燭民隱故先知農夫祁寒暑雨自耕稼至於收穡之辛苦艱難然後乃以此心而居天子安逸之位則知小人之依稼穡為生而凡所以重民之事卹民之苦自有不容一日少懈者矣此人君無逸之先務也我相(視)田野小人厥父母嘗勤勞稼穡涉歷艱難辛苦厥子乃生於豢養不知今日之安樂由父母躬勤稼穡之艱難所致乃恬然自逸取快目前乃習為

市井鄙俚之諺（延戰反）既又敢爲妄誕凡所言行之事都不依法度否則又輕侮厥父母曰在昔之人無聞無知都不肯安樂徒自勞苦而已小民之無忌憚如此夫此小民出自農家而不涉歷艱難則遂至於輕肆放誕侮其父母況人君生於深宮長於富貴稼穡艱難之狀既未嘗接於耳目崇高豫樂之事又易以惑其心志使非深知無逸之道則必以逸樂爲無傷以祖宗爲不足法喪亡之禍實基於此其可不戒哉

周公

舉昔之賢君。躬行無逸者。以告成王曰。嗚呼。人生莫不欲壽。然惟無逸。乃致壽之基。未有好逸樂而能壽者。我聞曰。昔在殷王中宗（太戊）正是能所其無逸者。其號已則嚴而莊重。恭而謙抑。寅而欽肅。畏而戒懼。以天命之理。自為法度。以律其身。無一言一動。不循規矩矣。其治民。則祗敬恐懼。而不敢有一毫怠荒安寧之意。其脩己治民。始終一於敬。如此。是以精神氣血收斂完固。無有一切伐性傷生之事。而國脈亦賴之以永延。肆中宗之享國七十有五年。此無逸之效也。其在高宗武丁當其未卽位時。其父小乙恐其生長富貴。不知憂勤。乃使之舊勞于外。爰暨百姓小人同事艱難。凡民間窮困之狀。備嘗知之。其後作其卽位。乃居小乙之喪。或在亮陰中。恭默思道。至於三年之久。不發一言。其惟愼重而不言。故能密察下情。明習國事。一言號令。乃雍和。無不當乎天理。協乎人心焉。又且勵精圖治。不敢有一毫怠荒安寧。一心只以治世安民爲務。能嘉靖殷之邦國。禮樂敎化蔚然於安居樂業之中。即至于萬邦小大庶民。亦咸蒙被其德澤。歡欣鼓舞。無時或有違背而怨謗者。夫能勤政則收攝精神。既有保壽之基。能和民。則導迎善氣。又有長年之助。肆高宗之享國五十有九年。此亦無逸之效也。其在祖甲。初高宗欲廢祖庚而立祖甲。祖甲以爲嫡廢庶立則是不義。而惟爲王也。乃逃於民間。舊爲小人。與之出入同事。經歷艱苦。其後作其即位。爰知小人之所依。全在稼穡。因此能保安惠養于衆庶之民。使之各安田里。不肯橫征暴斂以戕害之。又不敢輕侮鰥夫寡婦人所易忽者。尤加憐恤。其敬事勤民之心。始終一致如此。是以精神純一。內有以養壽源。民物太和。外有以延國祚。故肆祖甲之享國三十有三年。此亦無逸之效也。自時是三宗厥後立爲王者。都少長富貴。生則就安逸。惟其生則就安逸。不嘗知民間有稼穡之艱難。又不嘗聞小人經營拮据之勞。惟

耽（丁南反）**樂之從。**凡聲色遊田。可以適情娛志者。無所不爲。內伐性眞。外促國脈。**自時三宗厥後。亦罔或克壽。**享有**壽**考其在位遠者。**或十年。或七八年。**近者**或五六年。或四三年。**耽樂愈甚。則享國愈促。理之自然也。夫人情莫不欲逸。而所欲有甚於逸者。莫如壽。亦莫不惡勞。而所惡有甚於勞者。莫如夭。若知憂勤者之必壽。縱慾者之必夭。則豈肯舍其所甚欲。而就其所甚惡哉。

周公曰。嗚呼。自古無逸之君。豈惟商之三宗爲然。

厥亦惟我周。先代肇基王迹者。有太王焉。其勤王家者。有王季焉。此二祖。都有盛德。其心克自謙抑謹畏。貴而不驕。富而能降。不敢有一毫矜誇。上嚴天命。下顧民嵒。不敢有一毫放肆。葢人君惟不加謙抑。必至於侈縱。惟不知謹畏。必至於怠荒。此逸欲所自生。而敗亂所由起耳。我二祖能以抑畏存心。而盡無逸之實矣。是周家無逸之源流也。我皇考文王。又深知稼穡之艱難。卑其所服用者。皆裁損簡約。只是專心致志。即（就）安民之康功。與養民之田功。明教化。脩法令。使百姓强不凌弱。衆不暴寡。都得以相安。制田里。教樹畜。使百姓皆盡力農事。不妨其耕耘收穫之時。都得以相養。文王務損上而益下如此。所以爲至德也。其德則徽（美）柔而非柔懦。懿（美）恭而非足恭。本此和易之德以近民。其懷抱保護小民。如父母之愛子。而尤惠鮮（少意）鰥寡。賚予賙給。使之有生意。自朝至于日之中。自中至于日之昃（音側 日昳）。不遑暇食。只勵精圖治。用此咸和萬民。

使之家給人足。無一夫不獲其所。然後其心始慰耳。

文王遊豫。以省耕斂。田獵。以習武事。除此之外。不敢盤于遊田。故用度常是撙節。賦斂自然輕省。以其庶邦之民。惟正數之供獻。而一毫不以橫斂於民焉。夫不以逸欲病民。如此。則必能持己以培養壽源。又能恤民以凝固天命。文王受命。爲諸侯時。四十有七歲。則惟中年之身也。而厥後享國五十年。壽數最高。而享國最久。此亦無逸之效也。周公曰。嗚呼。繼自今。嗣王不必遠有所慕。惟當法則其祖皇文王。雖有觀覽。無淫（過）于觀。雖有休逸。無淫于逸。雖有遊豫。無淫于遊。雖有田獵。無淫于田。又勤儉自率以萬邦之民。每歲貢賦。惟正數之供。獻可也。今王取法文王。須要常存儆戒之心。無自皇（遑）暇曰。今日姑爲是耽樂。亦無妨害。若如此。乃非下民之攸訓（法）。非天之攸若（順是）。時人皆丕（大）法則此有愆過之得其害有不可勝言者。吾王其以此爲戒。無若殷王受之沈迷昏亂。酗（音煦）于酒之凶德哉。周公曰。嗚呼。我聞曰。古之人 君。德業已盛。宜無待於良臣之輔助矣。然當時爲臣者。猶且胥（相）與陳謨納諫。以訓戒告諭之。訓告之不足。又胥與竭力維持。以保養惠順之。保惠之不足。又胥與悉心教誨以規正成就之。夫古之人臣。忠愛無已如此。則其君能受盡言可知。故自然公足以服羣情。明足以燭姦佞。當時之民。循法守分。無有一人或胥與譸（張流反）張（誑誕）變名易實。倡爲幻（音患）妄之說。以眩惑君心者也。若於此厥不肯聽信。無受言納諫之誠，則在位之人，乃亦皆互相訓效（法）之。而不肯盡忠規諫，君闇臣諂，邪說得行，乃必變亂（法）先王之正刑，以至于小大之事。都取而紛更之，上有亂政，則下不聊生，庶民必以上之所爲爲否，則厥心必違悖而怨恨，再以爲否，則厥口必詛祝（上莊助反 音咒）於神明，爲人上者，使百姓心口交怨，其國未有不危者矣。周公曰：嗚呼，自殷王中宗，及高宗，及祖甲，及我周文王，茲四人，皆身處崇高之位，而於稼穡艱難之事，不徒明足以知之。是實能蹈迪其明哲。以盡無逸之道者也。

厥或有人告之曰。小人怨汝詈汝。（方智反）則皇（大）自敬德。益修其身。於人所誣毀之言。安而受之。厥愆（過）曰。是朕之愆。

也。蓋三宗文王之心。允若時。（是）不啻不敢含其怒。而秖以爲砥礪之地。其厚於責己。誠於愛民者如此。今王於此。迪哲之事。厥或不肯聽信。只見人之不是。不能反躬自責。則姦人乘間。乃或譸（誑）張（誕）爲幻。變置虛實。來

曰小人怨汝詈汝。則汝必輕易聽信之。欲加之罪矣。

夫人君以含容爲德。今則聞謗言而輕信。若時（是）。便是

不能永念厥辟（君）之道。不能寬綽（尺約反 大）厥心。反用誣誕無

實之言。羅織疑似。亂罰無罪。殺（戮）無辜（音孤）。天下之人受

禍不同。而怨則有同。是叢（聚）集于厥人君一身矣。可不

畏哉。周公於篇終。又致丁寧。曰。嗚呼。今我所陳法戒

大備。如三宗文王。當以爲法。如後王商受。當以爲戒。

享年長短。國家治亂。皆係於此。嗣王其當監視于茲

矣。其可忽哉。

君奭（始亦反）

史臣記。成王時。召公爲太保。自以盛滿難居。意欲告老而歸。周公留之。若此曰。召公君奭。爾功成身退。固人臣自靖之常。輔君奉天。尤大臣徇國之義。昔殷紂無道。上天弗弔恤。上天降喪亡于殷。邦殷既失墜厥天命。於是我有周既受之而代殷以有天下矣。然天命無常。可受也。亦可改也。故我不敢知曰。我周家既受此大命。厥基業永孚信于休美。決可以保於無窮也。

若天於冥冥之中。果棐用之忱。而眷佑無已。我亦不敢知曰其後來。又將失墜。而終出于不祥也。但我等身爲大臣。誼同休戚。豈可舍之而去。以自遂其私乎。

嗚呼。君前已有言曰。輔王以誠小民。時惟在我之責。是君之自言如此。然豈惟君有是心哉。我亦常思之。天命無常。今日之眷命。安知異日之不降威乎。故我不敢安寧于上帝眷顧之命。而弗永遠念天威之可畏。越我民罔尤怨背違之時也。我之心亦如此。蓋天命人心去就難必。其機實惟在於人而已。而今君乃忘前日之言。翻然求去。使在我後嗣子孫。無人輔助。大弗克恭敬上天下民。乃或驕慢肆侈。遏絕佚墜前人文武光明顯著之德。當此之時。君為國大臣。固有不得辭其責者。豈可謂退老在家。付理亂於不知乎。且上天之命。欲保之於無窮。有不易（音異）者。蓋天命去留無常。或予（時壬反）或奪。實難據以為諶信矣。凡繼世之君。乃其有墜失其命而不能長保者。只因無賢臣輔佐。弗克經歷踐行以嗣續前人恭敬光明之德也不惟義不當去蓋亦有不忍去者也在今予小子旦德業聞望不能過人非克有格心之術足以匡正吾君也凡所開廸導惟以前人文武光大之德使益焜燿而施付于我沖子而已蓋君德之正不能不資老成君亦豈可言去哉周公又申前意曰天之禍福予奪雖武王不可信然以人事言則在我有當盡之道今惟在以寧王以之德務延而長之不至失墜使上天不容庸釋捨于

文王所受之命。則我周大業。永永傳之無窮。豈不美哉。周公曰。君奭。公之所以汲汲求去者。其未聞商之諸臣乎。我聞在昔商家先王成湯既受命。爲天子。當其時則有若此伊尹者。輔佐成湯。其德澤廣被。治化徧覆格至于皇天。而無間。在成湯之孫太甲。當其時。則有若此伊尹。受成湯顧託。居保衡之官。能保護王躬乎章國事。在太甲之孫太戊。當其時則有若此伊尹之子伊陟與臣扈「音戸」者。兩人同心夾輔。圖政脩德滅祥桑之異。乎格于上帝之心。又有巫咸者。亦能保乂王家。而使國家平治。在太戊之孫祖乙。當其時則有若此巫咸之子巫賢者。在高宗武丁。當其時則有若此甘盤者。卽高宗舊學之師也。皆能補佐其君。效保乂之功。君何不思匹休而求去哉。殷家從伊尹至甘盤六臣。都能率循惟茲爲臣之道。効忠匡輔。顯然有可陳列之功。用能保乂有殷之天下。故有殷郊天之禮。其先王有功德而已陟者。必以配享於皇天上帝。

外選

國祚，則多歷年所。有六百之久也。此雖殷先王世美相承之效，而六臣保乂之功，亦何可誣哉。夫商家盛時，有六臣輔君，因此上天惟純一眷佑之命，以生許多賢才，則使商家充實，而無乏才之患。在內則百官之著姓，與王人之微賤者，罔不秉持其德，無偏私之敝，明致其恤，有憂國之心。在外則微而小臣，與夫爲王藩屏侯甸諸侯，矧咸奔走服役。惟茲之故，惟德是稱，用輔乂厥辟，俾無過舉。是以德業隆盛，政教修明。

故人君一人有征伐會同之事于四方。若龜之卜。蓍之筮。天下之人知其出於至公。都聽從悅服。而罔人之不是孚信者矣。夫天下之信服。賢才之衆多。由六臣匡輔於朝廷。君必如六臣之輔。而以勉效於今日可也。周公曰君奭天命至公。其壽國家使之綿延長久者。豈偶然哉。必壽於其大臣有至平通格於天者。伊尹而下六臣。皆能盡平格之實者。故能保乂有殷。久安長治。歷年六百。實以六臣之故也。及至有殷紂王繼嗣天位。乃崇信姦回。播棄黎老。無平格之臣以維持天命。故天降之罰。驟遭滅亡之威。國祚之長短。繫於賢臣之有無。若此。今汝其無汲汲求去。勉爲周家永久之念。使我周有平格之臣。則上天必有凝固之命。而其亂敎亦赫然明著於我新造之邦。葢身與國俱顯矣。彼商之六臣。又豈得專美於前耶。周公曰。君奭。在昔商王紂無道。上帝厭棄。降災割於商家。使之失天下。而於冥冥之中。申重勸勉我寧王之德。

由是德曰以盛其遂集此重大之命于厥躬。而克商
以有天下也。然基天命實由文王。惟文王尚(庶幾)克修治
燮和我周家所有之諸夏。使三分有二之國都服從
政令無有違越此豈文王獨以一身勞天下哉。亦惟
當時佐命之臣。有若虢(寡白反)叔有若閎(音弘)夭有若散(素但
反)宜生有若泰顛(丁田反)有若南宮括。此五大臣皆是名
世之賢。故能使文王修和之澤達於諸夏而無間也。
周公又曰。若虢叔等五大臣無能往來奔走於茲勉

盡職業導迪宣布所當行之彝教。則文王雖有愛民

之心。茷(莫結反)修和之德澤。降及于國人也。故有君無臣。欲

以致理難矣。亦惟天意在文王。純一不二。以佑助之。

故生此秉持明德之賢臣。其踐迪著實。曉知上天顯

然之威命。可順而不可違。乃惟同心協力。時只要昭

顯文王之德業。開導啓迪。使其修和之德。著見於上。

覆冒於下。以致至德馨香。升聞于皇天上帝。惟時之

故。遂能享天心。以受有殷之命哉。此皆五臣補佐之

功也。武王時。虢叔雖死。閎夭等惟兹四人尚存。又能同心協力。尚(庶幾)導迪武王。膺有天祿。其後遂暨武王誕(大)奉將上天之威命。往伐有商。咸劉殺厥殘暴虐民。與周爲敵者。惟兹四人。於是又竭力宣布。用昭顯武王之德。惟覆冒於天下。使天下之人涵濡教化。丕單(盡)稱頌武王之聖德矣。此皆四人開導之功也。今王業艱難。幼冲在位。在予小子旦。朝夕憂懼。若游大川者。茫然不知津渡所在。豈能獨濟哉。予往暨汝奭。同心協力。其共濟使文武之業不至失墜然後可耳。益嗣王小子沖幼雖已即位同於未在位者。正賴賢臣相大與夾輔汝誕無以此專為我旦之責而遂求去也。若汝收迹而退。罔勖勉以助我之所不及。則耇老造成之德。不降於民。將使民心尤怨無和氣以致祥。我則在郊之鳴鳥。鳳將不得復聞其聲矣。是今日之治。且不可保。矧曰其有能感格而延天休於無窮乎。然則公之必不可去明矣。周公曰。嗚呼。君奭。我之所陳肆（大）其監視于茲。不可忽也。蓋我周文武誕受天命閔予孫萬世之業固無疆惟休美。然文王以五臣而布修和之澤武王以四臣而收戡定之勳。其積累締造亦大惟艱難矣夫得之既艱。則維持保守。在我二人有不容辭其責者。今告君乃宜猷（謀）所以寬裕之道勿狹隘求去蓋君德之成就。係於賢臣之匡輔。故我拳拳留汝者。在不欲以後人迷惑而失道也。周公曰。我昔與汝同受武王顧命。當時前人武王敷布乃（汝）

腹心。乃悉命汝。使居三公之位。作汝下民之準極。且曰。嗣王以幼沖在位。汝當明白一心。勗勉不怠。配偶於孺子王。以輔弼之。如耕之有耦也。在彼此相亶信矣。并力一心。以乘載茲大命。如車之有馭也。不至傾覆矣。當追惟念文王之舊德。常恐失墜。丕承受此無疆之恤憂。可也。武王命汝如此。今汝委而去之。如之何其可也。周公曰。君奭。如今告汝以朕之允誠。勿視爲泛常之言。見在太保之官。君奭其汝克敬慎不怠。以予之言監視于殷紂之喪亡大否（部鄙反　亂大）而肆念我上天威命之可畏共奉天職可也。今予留汝之言。豈是不足取允於人而惟若茲諄諄誥汝乎。予之意惟曰。今輔君襄成其業在我與汝二人同心共濟而已。汝聞我言而有契合於心哉。汝乃言曰。今日所以輔君而成之者。全在時（是）我等二人夫如此則上天休美之命其滋至而無窮矣惟時（是）我二人竭力圖報猶恐弗能戡（勝）負荷其汝若以盈滿為懼則當克敬其輔君之德益加寅畏明我俊才之民。布列庶位以盡大臣之職業。毋徒惴惴而欲去也。他日在汝推讓後人于丕盛之時。超然肥遯。則誰復汝禁。今豈汝辭位之時乎。嗚呼。朝廷之上。公卿百執事。其人固多。然同心協力篤厚於棐君者。惟時我與汝二人。我式克保固天命。與隆王業。至于今日之休美也。然卻不遑以此自足。我與汝咸當夙夜黽勉。共成文王功業于不倦怠也。成之何如。務使德澤丕冒覆於斯民。雖海隅出日之地。人人

大　　輔是用　　大

都。罔不率俾（從）臣服我周家。然後文王之功。可以言成矣。我二臣輔君之責。庶幾無愧耳。今未至是。而君可以求去乎。周公曰。君奭。予前誥汝者。豈是不惠（順）於理。卻若茲反覆多誥哉。予惟用閔于天命難終保。越（及）斯民。無所倚賴也。故其言切如此。周公曰。嗚呼。君奭。惟乃（汝）能周知民德。向順之故。今日民無尤怨。固亦罔不能厥初。然惟（思）其終。則民心難保處。最是可畏。汝其祗若（順）茲。我所言。自今以往。益務敬愼。用圖治可也。此時召公已留周公丁寧告戒之辭如此。

蔡仲之命

史臣記初武王崩時。成王尚幼。惟周公位於天官冢宰。統正百工。當是時。羣叔監紂之子武庚於商之舊都。以主少國疑。乘商人之不靖。遂造作無根之流言。謗毀周公。因相與倡為叛亂。周公既奉命征討罪人斯得。乃致辟管叔鮮于商之舊都。以其為首惡也。幽囚蔡叔度于中國之外郭鄰地方。只以車七乘隨之

以罪稍輕也。降霍叔處于庶人。削奪其爵祿。三年不
齒。錄以罪尤輕也。因其罪之大小。定爲刑之重輕。皆
天討所加。不敢以私恩廢公義也。其後蔡叔之子蔡
仲克庸祗德。常敬始終謹畏。不敢放縱。周公以其克蓋父
愆。乃擢以爲卿士。蔡叔既卒。乃命令出諸成王。封仲
邦之於蔡。蔡之地。以續蔡叔之後焉。周公以成王之命
告蔡仲。若此曰。爾小子胡。仲名惟爾率循爾祖文王之德。
改易爾父蔡叔之行。克謹愼厥所當行之猷。道可謂賢

故
矣。肆予命爾爲諸侯于東土。使不失茅土之舊。爾今
就汝　庶幾
往。即乃所封之國。當敬之哉。爾小子胡尚掩蓋前人
之罪愆者。在惟盡忠惟盡孝而已。爾乃當超邁前人
之成迹。自其身而起基也。爲之何如。克勤勵無敢有
汝
一時懈怠。以垂憲法於乃後世子孫。即是自身而邁
汝
迹也。然其所以垂憲者。不在他求。只當率循乃祖文
常
王之彝訓。即率德也。無若爾考蔡叔之違背王命。即
改行也。且皇天上帝。於人無有私親。惟有德是佑輔。

使其長保爵位。若無德。則天命去之矣。下民之心無有常向。惟恩惠之懷服。欲使其長作民主。若無惠則民心離之矣。人之爲善。如敬天法祖親賢愛民。雖各不同。而皆同歸于治矣。人之爲惡。如盤樂怠傲拒諫殃民。雖各不同。而皆同歸于亂矣。夫天人之向背靡常。善惡之從違當審。爾其戒之哉。爾蔡仲侯於東土。當戒愼厥臨民之初。不敢怠忽。凡所行之事。都惟慮厥終。務爲久遠可繼之道。則其終必能和民人保社穫以不困窮矣。若不能惟慮厥終。只爲目前苟且之計。則其終遂以至於困窮而已。爾當懋勉乃攸以爲績者。不敢失事幾。親睦乃四鄰之國。不敢生釁端。以蕃屏王室。而防禦其外侮。以和親兄弟。而與之同其休戚。發政施仁。以康濟小民。使之安生樂業。無有失所。此五者。乃厥職之所當盡也。天下有大中至正之理。爾當率循此。自此中而行事。不使有太過不及。可也。率自中者何如。先王本有成憲。爾當兢兢遵守。罔妄作聰明。紊亂其舊章。立身自有法度。爾當審詳乃視聽。罔以眩惑於偏側之言。改變厥所守之常度。夫如此。則自然得中。而侯職無不修矣。予一人。豈不於汝而嘉美之乎。成王曰。嗚呼。小子胡。汝往之國哉。當用心經理國事。圖所以蓋前人之愆。垂後人之憲者。而無荒廢棄墜朕所告戒之命也。

多方

史臣記。惟成王即位之明年。商奄又叛。乃親征滅之。

五月丁亥日。成王班師來自奄國。（衣廉反）至于宗周鎬京。諸侯皆來朝會。周公傳成王之命曰。成王若此曰猷（發語）告爾管蔡霍殷四國之民。弁多方百姓。惟爾殷侯尹正管理之民。又叛不常。我惟不忍殺戮。大降宥爾衆人之命。爾等空罔不知也。爾殷民亦知商奄之所以亡乎。奄人洪（大）惟逞私意圖謀上天之命。肆行叛亂。自取誅滅。弗肯永遠寅（敬）念于保有其祭祀。至於今宗社不血食矣。爾曾欲蹈其覆轍乎。惟在昔夏桀有罪上帝

乃降示災異。以格正譴告于夏桀。使之恐懼脩省有
夏桀全然不知敬畏。反誕厥逸豫以爲樂。不肯感憂
之言有于其民。況望其有憂民之實政乎。乃大淫亂
昏迷。不克終日之間少勸于上帝之所啓廸開導者。
況望其惟日孜孜。勳循天理而不違乎。桀之殃民逆
天如此。是以上帝震怒。天命去之。乃爾殷民之攸當
聞也。夏桀矯誣上天。厥圖謀猜度上帝之命不克開
于下民之所麗衣食以生之原。卻乃横征暴斂。絶其

生理。乃猶大降嚴刑峻罰於民。以崇亂於有夏之國。夏桀之慢天虐民如此。究其所因實甲于內嬖妹喜敗亂其家。故不克力行仁政。靈承于旅衆。又罔丕惟自進之於恭敬。而洪寬舒于民。亦惟有夏之民。有貪

叨刀反　懥利反

叨忿懥嗜。則日欽崇而尊用之。以劓割戕害於夏邑。故民不堪命而國隨以亡也。天惟時求可爲民主者。乃眷顧有殷。大降顯明休美之命于成湯。使之爲民之主。致刑罰以殄滅有夏之國。惟上天不畀夏桀。既

亡其身。又亡其國。降罰如此之純者。乃惟以有爾

多方之義民可以輔君安民者。都不克推心久任。使

之永于多享祿位。惟夏之所恭敬多士。都貪叨酷暴

之人。大不克明達治理以保安享有于國家之民。乃

胥與嚴刑重斂。惟以虐害于其民。使之無所措其手

足。至于士農工商之類。凡百所爲。都有妨礙。大不克

開于民之麗。政暴民窮如此。所以自速其亡也。乃惟

成湯一德格天。克足以當爾多方之所簡擇。是以天

命歸之。人心戴之因以代夏桀作生民之主。成湯能懋昭大德。克寬克仁。謹慎厥君道之所麗者。乃倡率勸勉厥民。故其民心悅誠服。以成湯爲儀刑。用能翕然勸勉於下。君仁莫不仁。感應之理固如此。自成湯以至于帝乙。中間賢聖之君。不止一人。皆能遵守家法。罔不明其德慎其罰。故亦克用以勸勉其民。明德之勸民。人皆知之。而慎罰之爲勸。人未必知也。夫商家先王於緊要之囚犯。尤加敬謹。必殄戮其多罪。決

不可宥者不敢輕縱刑一人而千萬人懼百姓亦克
用以爲勸而不敢爲惡又必開釋其無辜詿誤情可
矜憐者不致虧枉赦一人而千萬人悅百姓亦克用
以爲勸而勉於爲善商先哲王世傳家法如此其久
今一旦至于爾辟乃弗克以爾全盛之多方坐享天
君
之命忽焉至於滅亡不亦深可憫哉周公曰嗚呼成
王若此曰誥告爾多方刑殄有夏桀既亾矣非上天
用　法
庸有心於釋有夏也弗克多享紂既亾矣亦非是上

天庸有心於釋有殷也。只是夏桀商紂。自絶於天以取滅亡故爾。乃惟爾辟商紂以爾多方之富庶全盛爲恃不知戒懼大肆淫佚以私意圖度天之命瑣屑紛沓。有矯誣之辭。商安得而不亡乎。乃惟其初有夏桀凡。圖謀厥國政者。都是無道之事不集于享其國。而趨於亡其國。故上天降時喪亂。使有商之邦間之而有天下也。乃惟爾商後王紂不能居安思危卻荒逸於厥君位之安逸。凡所圖厥國政者。都是穢惡怠情。不蠲（音涓）潔以烝進。故上天惟降時喪亂於有商。而使我周代之焉。惟通明之聖。其資質雖美。苟自恃其通明。而罔加省察。念慮則私意蔽塞。反作昏愚之狂。惟昏愚之狂。其資質雖陋。苟自恥其昏愚。而克加思念發憤。則氣質變化。便作通明之聖。聖狂之機。係於一念轉移之間。如此。紂雖昏愚有可以改過之理。故天心仁愛。未忍遽絶之。惟猶徘徊五年之久。以須待寬

大

暇之於湯之子孫。冀其改圖。誕作生民之主。然紂終

不警悟。纖惡日甚。罔一善行可念。可聽。此天所以棄絕之而至於亡也。上天惟求明主於爾多方。大警動以災異譴告之威。使知商家之必亡。以開發厥可受眷顧於天者。惟以爾多方之人。皆罔足以堪受眷顧於之天者。此其所以終歸於我周也。惟我周文王武王仁心愛民。靈承于旅。衆。於凡發政施仁。克堪用德。惟可以典。百神上天之事。上天惟式教我。文武陰誘其衷。使之德業日盛。用臻于休美。於是簡擇付畀以殷之命。代爲天子。以尹正爾多方之諸侯也。今我曷敢喋喋多言以誥汝。我惟大降爾四國之民命。使安靜以保全其生耳。爾曷不消險詐怨望之心以誠忱寬裕之意。安集于爾多方百姓乎。天命簡畀歸於我周已久。爾曷不夾輔介助以保乂我周王。而安享上天之定命乎。且爾等叛亂不知天命若據法定罪。當瀦爾宅舍收爾田產。今爾尚得宅爾宅舍。畋爾田產。則恩德可謂至厚矣。爾曷不洗心滌慮惠我王室以熙上天之新命而延福祚於無窮乎爾四國之民乃所迪行之事屢屢不肯安靜自取誅滅爾之心將未知所以愛身乎商紂無道天之所廢爾等乃妄覬與復不能大宅於天命乎我周有道天之所興爾等乃輕屑播棄其天命而不信乎且爾等乃反覆叛亂自作不典之事乃正人之所深惡也而反欲圖見忱于正人以爲當然乎我惟時其教誨而告諭之我惟時其戒戰而要囚之蓋自武庚作叛以來至於今

廣 蹈 安 法 是 懼

日。訓告之命。開宥之恩。已至于再。又至于三矣。若自今以往。乃（汝）等有不能聽用我降宥爾之命。還狃於叛亂。反覆不已者。我乃其當大用刑罰殛殺之。前日之恩。不可望矣。此非我有周秉持君德不肯康寧。好爲此嚴刑。乃惟爾等自爲凶逆之事。以速其辜耳。成王曰。嗚呼。猷（發語）告爾有方多士暨（又）殷之多士。今爾等奔走效勞臣服於我所。命監治之官。非是一朝一夕已五祀（年）於茲矣。越（語詞）惟爾殷士受官職於洛邑。長治遷民

者。有若胥伯小大衆多之正。與我監同一委任爾等

宜相體悉。罔或反側偷惰而不克化民之臬也。（魚列反事）一心不

安靜。則身自作不和。順爾惟和。順其心哉。身不安靜

則爾室不和睦。爾惟和順其身哉。俾是身脩家齊。大

本已正。由是爾新邑之人。都觀感興起。其克燦然昭

明矣。如此則爾惟克勤乃化民之事。而不負其職也。（汝）

（厤幾）可不勉哉。爾多士尚安綽其心。不畏忌于頑民凶德。

至於臨民之際。亦則須以穆穆和敬之容。端在乃位。（汝）

使他都瞻仰觀法，潛消其悍逆悖戾之氣。又克簡閱
于乃邑之賢者，以謀其介輔，則民之頑者，且革而化
矣。尚何可畏之有哉。爾殷多士，和身睦家，以勤乃事，
乃自時洛邑，尚永遠保有家業，得以竭力耕畋爾之
田上。如此者，上天亦惟將畀與矜憫於爾，不使陷於
罪戾。我有周亦惟其將大介助賚錫於爾，優厚爵賞
啓迪簡拔，使在王庭之上，尚勉爾之職事，竭力以乂
我周家，雖有任服在於大臣之僚。亦不難至矣。成王

曰。嗚呼。殷之多士。爾若不克互相勸勉忱信我所命之言。爾亦則惟不克盡職以享上也爾既不能奉上。則凡洛邑之民。亦惟倣效曰。在上之人不必享焉。且爾乃不能盡職奉上。只惟放逸偷安。只惟頗（音坡）僻不正。以致大違遠帝王之命。則惟爾殷多方之士。自探（音貪）取天之威。構害於身。我則致天之威罰。使爾父母兄弟妻子播遷蕩析。離隔逖遠爾之鄉土。雖欲安爾居力爾田。豈可得哉。成王曰我不惟好如此之多誥。不能自已也。我惟祗敬告爾以勸勉之命。使爾勉於休而遷乎威。如是而已。又曰時惟爾今日叛亂之罪已降宥。正宜改過遷善之初也。爾若不克敬于和身睦家。而猶狃於叛亂之舊習。則自底誅戮。無以我爲殘忍而有所怨尤也。

立政

史臣記成王初政。周公帥羣臣進戒於王。贊之若此。曰。凡我諸臣。當拜手稽首致敬以戒告嗣位爲天子之王矣。羣臣用周公之贊咸同辭進戒于王曰。人君治天下。固無所不謹。而用人一事尤當謹矣。王左右之臣。有牧民之常伯。任事之常任。守法之準人。此三官。大臣之長。王之尊臣也。又有掌服器之綴衣。（丁劣反）執射御之虎賁。（音奔）此二官。是近臣之長。王之親臣也。皆任用之所當謹者。於是周公曰。嗚呼休（美）矣。茲官。然知恤（憂）其得人者鮮哉。在古之人。能迪行知恤之道。以不得人為憂者。惟有夏之君大禹為然。乃當其時。地平天成。

强

有王室固已大競盛矣然其心猶不敢自滿乃多方

呼

籲延賢俊之士布列庶位共治天事以爲尊事上帝

之實然非但其君能以求賢爲心當時爲大臣者亦

蹈　誠信　皐陶所謂寬而栗柔而立

都以薦賢爲急迪知忱恂于凡羣臣有九德之行者

愿而恭亂而敬擾而毅直而温簡而廉剛而塞彊而義

實察其可用乃敢告教厥后曰拜手稽首致敬以庶

君

幾吾王盡爲后之道矣夏臣又曰凡此九德之人用

汝　汝　汝

以宅乃任事之官宅乃牧民之官宅乃守準之官如

君

此則事無不治民無不安法無不平茲惟爲后之道

盡矣。若不能深知篤信量度其中之所存而從謀之

大

面貌用以爲丕訓順於德而謬信之則乃以宅其人

於三等之官矣。茲乃三官之宅。失其人而無復知義

民也。夫禹任賢立政知此然桀爲無道逞其惡德

惟乃失用人之本弗肯作往昔先王任用三宅之事

而其所任用是惟暴德之人。是以不能保大競之業

以至於亡而罔後也。自古知恤之君。不獨夏禹爲然

亦越商之成湯自諸侯陟爲天子。丕釐上帝之耿

命典禮命討。件件振擧赫然昭著於天下。又以一人

不能獨治。乃博求賢哲。與之共理。乃用三有宅之官

實克即其所宅之位。而不曠其職。所曰爲三有俊之

才。亦克即其所爲俊之德。而不浮其名也。然不徒用

之而已。又嚴敬思惟。皆注念而不忽所行之事。又丕

以爲法式。必依從而不違。實克用此三宅之居於位

者。與三俊之儲養待用者。故皆得以效其職而著其

才也。其在商邑近處之百姓。都安於禮教。用協和于

厥邑。其在四方者。雖遠而難及。亦都觀感興起。用丕
法
準式。如親見成湯之德。而無不順治矣。嗚呼。其成湯
以任賢立政。如此。然在其後世受。則爲無道。其德之
音敏
暋暴。屛棄賢人。而不用所任爲三事大臣者。乃惟羞
尚刑戮以凶暴爲德之人。與之同治于厥邦家也。乃
惟羣庶近習者。備諸醜態。以縱逸爲德之人。與之同
治于厥政事也。夫受既身有惡德。而所任用者。又皆
同惡相濟之人。故政亂於上。民怨於下。上帝震怒。欽

敬罰之。殄滅其宗祀。乃俾我周有此諸夏之地。式（用）商家所受之天命。而奄（衣檢反）甸（治）天下萬姓。井牧其地以供賦稅。什伍其民以供職役。自古知恤之君。不獨夏禹商湯爲然。亦越（及）我周家文王武王。君臣之間。以心相信。克知三有宅之心。確然可託。灼見三有俊之心。的然可用。不徒謀之面貌而已。由是以此宅俊之臣敬事上帝。如牧民任事守法。天所欲爲者。皆用此賢才以祗承之。立爲民間長伯焉。蓋其立政之官。有若任人準夫牧夫以作此任事守法牧民三大事皆得其人則可以統率羣僚而紀綱庶務矣其侍御之官則有虎賁掌射御者有綴衣掌服器者有掌御馬之趣馬（比尚反）有小官之尹（長）有左右攜持僕御之人有內百司若司裘司服之屬有庶府若內府太府之屬其都邑之官則有大都之伯小都之伯有卜祝巫匠執技以事上之藝人有表臣百司若外司服之屬有大史以紀言動有尹伯爲有司之長亦必擇人而授之當時自三

宅侍御以至於都邑庶官。皆是有常德之吉士。未嘗有一匪人參於其間。其得人之盛如此。其諸侯之官則有司徒主邦教。司馬主邦政。司空主邦土。有卿之貳爲亞。有卿之屬爲旅。亦皆莫非常德之吉士也。其王官之監於諸侯四夷者。其夷國則有微。有盧。有烝。有三亳。又有阪。（音反）凡此險阻之地。不以封建諸侯皆有尹以治之。夫上自朝廷。內而都邑。外而諸侯。遠而夷狄。無不得人以爲官使。可謂繼盛於夏商矣。文王惟

能之也

克厥三宅之心。知之既審。信之又篤。精神契合。無一猜嫌。其明於知人如此。乃克立茲常事司牧之人。所用以者。都是克其俊有德之君子。故百司庶府。皆得其人。而政無不舉也。文王既選用得人。便專任而責成之。罔敢攸自兼治于庶言之出納。庶獄之聽斷。庶慎之修舉。惟於有司之牧夫管事者。是訓勅其用命及違命者而已。夫庶獄庶慎文王不特不以身兼之而已。亦罔敢以心知于茲。其任人之專如此。特庶言出

常任　常伯

號令　禁戒儲備

於君則不容不知耳。亦越我武王欲率循文王惟敉安天下之功烈。故不敢替（廢）厥所用義德之人皆仍舊委用。欲率循文王惟安天下之謀議。故從其所用容德之人皆仍舊信任。文武相繼。得賢輔治。是以並能受此丕丕莫大之基業。嗚呼。孺子成王今為天下王矣。當知嗣守前業。任大責重。不可不慎。繼自今日以後。我其建立政務。於其立事之公卿。守法之準人牧夫之常伯。我其當不徒謀之面貌。必克灼知厥心之所若。夫既明知其所順。果正而不他。然後推心而丕委任之。乃俾展布四體。以為亂相助左右我所受之民。和調均齊我庶獄庶慎之事。此時則又戒勿令小人有讒間之。必須念念在茲。不可暫時忘。自一話一言之間。我則末惟成德之彥。以使之乂我所受之民。如此則任賢之心。專一周密。而小人始不能間矣。

嗚呼予旦已。所聽受於人之徽言。如禹湯文武委任賢才之事。咸告孺子王矣。然夏商之事。猶屬久遠。至

順　大　治　終思　美

於文王武王。則我祖宗遺範具存。繼自今日以後。王以武王之文子。文王之文孫。須效法文武所行之事。其勿誤于庶獄庶慎。而以身侵越衆職也。惟須使當職之正人是專乂之矣。自古聖君如商人成湯。亦越（及）我周文王立政。用人之道。無有不同。如其立事之任人牧夫準人。三宅之官。則非徒苟且充位而已。皆克簡擇賢者。各以其職宅之。不使匪人濫廁其間。又克由繹（紬）（音亦）之。以盡其用。茲乃所以能俾乂（治）國家也。故古昔為國家者則皆必用賢而後成治功罔有欲建立政事而用憸（音纖）利小人也蓋憸人傾巧辨給顛倒是非所存所行都不訓于德倘萬一錯用之是使人君罔光顯事業在厥世王繼自今日以後凡建立政事其切勿以憸利小人其惟當舉善人吉士用一心委任使之得勉勱（音邁勉力（自亮反））相我國家可也今王為武王之文子文王之文孫以幼沖孺子即王位矣凡所行只當法我文武其勿下侵臣職以致錯誤于庶獄之事惟以此

責專任有司之牧夫。使之各用心整理。然後人得以守其職。而無侵官之患也。且夫戎兵以奉天討。尤刑之大者。今王繼承大業。當安而思危。治而防亂。其必須克詰爾戎兵器。使武備精明。足以壯其威。將見王靈遠振。以陟於大禹所疆理九州五服之跡。由是威加四方。旁行天下。以至于四海之表。九夷八蠻之國。罔有不畏懼讋服。如此則周家之業日隆盛。益以覲文王之盛德耿光。而不至過佚矣。又以揚武王之洪業大烈。而不至委靡矣。是以善繼善述而無愧於文子文孫之責也。嗚呼。繼自今日。凡我周家後王建立政事。其惟須克用常德之人。專任以三宅之事。毋使憸邪小人得而間之可也。周公呼太史而告之若此曰。爾爲太史執法者。必如司寇蘇公而後可也。昔在武王時。蘇忿生爲司寇之官。哀矜詳審。式敬爾所由之獄。培植基本。以延長我王國。今爾太史於茲取式法而有愼焉。則能以輕重條列用其中罰而無過差之患也。如此則天下無冤民，而我王國之休可期於無窮矣。

周官

史臣記惟我周成王撫臨萬邦，大一統以致治。乃出而巡狩侯甸臣服之國，以稽察其政事；又四面征討弗庭(道)之國，以明正其罪惡，因以綏(安)定厥兆民，使人人安居樂業，無有失所。當是時，畿内及侯甸男釆衛六服之羣辟(君)皆罔不受流宣化，承順大君之德意。蓋我

王一巡狩征討。間外攘之功。赫然已著矣。於是歸于
鎬京 督
宗周董正在朝治事之百官。使各遵體統而無相侵
越矣。成王訓廸百官曰。若古昔大猷之世。既治且安。
道
然聖帝明王兢兢業業。無斯須之遑假。惟制治于未
亂之前。以亂不生於亂而生於治也。保邦于未危之
日。以危不生於危而生於安也。故能長治久安。永無
亂危之禍。若待亂危已形而圖之則無及矣。成王乃
述其事曰。唐虞之時。事簡民淳。乃稽考古典建立大

小官職。惟其數止於百員。內則有百揆四岳。以總理在朝之治。外則有州牧侯伯。以總理四方之治。當是時。官數雖少。然內外相承。體統不紊。一切庶政都惟雍和。四方萬國咸惟安寧矣。此唐虞建官之效也。夏商之時。世變事繁。其建官員數比唐虞加倍。內外體統。森嚴周密。萬國亦克安寧用乂矣。夫堯舜禹湯。皆是明哲之王。其建官立政。所重者。不惟其官之多少。而惟在乎得其人而已。今予小子承此基業之重。惟

敬

祗勤于德。兢兢業業。不敢怠忽。夙夜之間。常恐有所及不逮。只仰承惟前代。如唐虞夏商建官致治之美意。是時若順之。以訓教啓迪厥百官。使各盡其職而助成化理也。今參酌舊典。垂爲定制。立太師太傅太保之官。茲惟曰三公。立於一人之下。冠乎百僚之上。不勞以職務。專與人主講論發明天人之道理。啓沃其心。涵養其德。推此道理。以經綸邦國。使教化行。政事舉。萬物都得其所。乃和燮調理陰陽之運。使三光明。寒暑平都順其序。便是三公之職事。然此官職事至重。不必徒取備員。惟須其道全德備之人。然後使居其位。若無其人。寧闕其員。不可濫授也。三公而下。又立少（失照反）師少傅少保之官。雖三公之貳。而非三公之屬。是曰三孤（特）。其職不過使之佐貳三公。三公既論道經邦。燮理陰陽。三孤則弘大擴充其經邦之道。化務使朝廷政事咸協於中。乃順四時以撫五辰。用以致寅（敬）明亮乎天地之道。助三公之所不及。以輔弼予一人。成就其德業。便是三孤之職事也。又有六卿。六卿之首乃立冢宰。爲天官卿。使之掌邦國之治。道統攝内外大小百官。務要選用賢能。分職治民。以平均四海。是冢宰之職也。又立司徒。爲地官卿。使之掌邦國之教。化敬敷親義別序信五者典常之教。乃擾習安養天下兆民。教其不順者。而使之歸於順。是司徒之職也。又立宗伯。爲春官卿。使之掌邦國典禮。專整治天神地祇人鬼之事。凡郊壇昭穆牲帛祝號。各中

其節。又於吉凶軍賓嘉之五禮。調和其上下尊卑等
列。無有替亂。無有乖爭。是宗伯之職也。又立司馬。爲
夏官卿。使之掌管邦國之軍政。統馭天子之六師。凡
天下有犯正之人。則舉兵征伐。以平治邦國。是司馬
之職也。又立司寇。爲秋官卿。使之掌管邦國之法禁。
窮詰姦慝（音忒）罪惡隱微者。務得其眞情。刑戮暴亂。罪惡
顯露者。不使得苟免。是司寇之職也。又立司空。爲冬
官卿。使之掌管邦國之土地。以居處士農工商四者

之民使之各得其所順氣候以時乎地利。耕耘收藏。各因其宜。是司空之職也。六卿既分其職所掌不同。則各率領其屬。盡職之所當爲乃以倡九州之牧。使之亦知率屬以承流宣化於外。以内而倡外。以外而承内。由是政治修明而阜厚以化成兆民之衆。此設官之本意也。成王既已訓迪在内之臣。此又擧制馭外臣之法。凡其所以振飾綱紀。統馭九牧。惟朝覲巡狩。爲至大之典。如今定制每六年。五服諸侯一次來朝會京師。各述其職以達於上。又六年。諸侯再朝。通十二年。王乃以時巡行於諸侯所守之地。稽考制度于四岳。維時五服諸侯各執玉帛來朝于方岳之下。每巡狩所至。即加意詢察諸侯之賢否。大明黜陟之典。賞罰昭。而勸懲著。諸侯無有不承德。而阜成之治成矣。○成王總呼百官訓戒之曰。嗚呼。凡我有官守之君子。雖尊卑大小不同。都是代理天工之人。皆當欽乃攸司之職事。慎乃所出之號令也。號令之出惟欲其必行矣。弗欲惟其壅逆而反之矣。然令之當否。惟視心之公私何如。若在上之人。存心正大光明。惟以天下之公道。滅一己之私情。凡所施行。件件都合乎天理。當乎人心。則政令一出。萬民仰之如神明。其必敬允而懷服之矣。爾大小庶官。當先學古昔前代之成法。然後入官任事。至議處國家事務。卻把平日所學者以裁制斟酌。則其政乃有條理。不至迷錯矣。然前代之法。亦有宜於古而不宜於今者。其爾又須以當代典常作之師法。都是我文武周公之所經畫。至精至當。所當遵行。無以喋喋利口逞其才智。輕易更改。亂厥官守。此酌古準今。爲政所當知者也。苟事若蓄（勑六反）疑而不斷。必反敗其謀爲矣。心若怠忽而不謹。必荒廢其政事矣。然決疑立政。都從學問中來。若不肯習學古法。則政理必不通達。如牆面而立。目中一無所見。使之莅事。惟必周章乖錯。舉措煩擾。豈能辨國家之務乎。又申戒爾在朝卿士。若欲事功崇高。須惟立志矣。若欲職業廣大。須惟勤力矣。有此二者。又須臨事惟克剛果決斷。〔都玩反〕乃事有成。罔貽後日艱患。若猶豫固滯。不能果斷。則志與勤都虛用。何益於事哉。今爾卿士所居之官位既崇。則雖不期於矜驕。而矜驕自至。所享之俸祿既厚。則雖不期於奢侈。而奢侈自至。故必當恭以持己。儉以節用。然恭儉豈可以聲音笑貌爲哉。惟當皆出於實德。而無載爾僞也。〔作代反〕其作德如此。則誠意自慊。此心安逸。而日著其休美矣。若只假爲恭儉而作僞則掩護自餒此心勞苦而日見其拙陋矣夫居寵榮之地者必當思念危辱之禍位高而心愈卑祿厚而志愈約罔所不致惟敬畏庶幾能保守名譽於無窮也若弗能知敬畏驕侈放肆必入於危辱可畏之中而祿位不可保矣可不愼哉爾爲大臣者能推薦賢德之人使之在位遜讓才能之使之在職則小臣庶官乃協和而不爭若大臣蔽賢害能實不能容則庶官亦分爭而不和朝廷政事必

至於龎（莫江反雜）亂而不可振舉矣。然大臣以用人為職。其所舉用之人。果能不負其官則知人善任。政事修明。惟（即）爾之能矣。若所舉稱者匪其人。悞國殃民惟（即）爾之不勝其任矣。為大臣者可不謹哉。成王曰嗚呼。上自三事大臣。下暨大夫諸臣。當敬謹爾所居之有官。不可怠忽。整（治）亂爾所司之有政。不可廢弛。用以佑助（汝君）乃辟致皋成之治。永遠康濟天下之兆民。庶幾萬邦之廣惟親附愛戴無厭（音亦）斁我周之心矣。

書經插解卷七終

書經插解卷八

讃岐　河田興猶興　述

君陳

史臣記。成王策命君陳。呼其名而告之。若此曰。君陳惟爾有令善之德。事親以孝。事長以恭。能盡卑幼之道。惟能孝於親。友于兄弟。有此令德。以脩身。敎家。必克忠君愛民。施諸有政。使敎化大行。風俗淳美。則東郊之任。舍汝其誰。故今命爾尹治茲東郊下都之民。爾當敬謹從事哉。昔周公治下都。有師之尊。有保之親以教戒愛養萬民。是以萬民都懷想思慕其德。至於今日。久而不忘。爾其往。當慎守乃所司之職事。小心敬畏。茲率循厥前日所行之常法。懋勉尊奉。以益昭明周公之舊訓。則惟下都之民。其翕然聽順以乂治矣。我聞周公曰。凡至治隆盛。自然和氣薰蒸。馨香發越。將感格于神明。而無間然。祭祀黍稷非有此馨香。乃是人有明德。蘊於身心。而至精至粹。施諸政事。而盡善盡美。然後惟馨香發聞。可以感格神明耳。爾

用是道

尚式時周公之猷訓。惟終日孜孜。身體力行。無有敢

一毫逸豫怠惰。庶幾己德可明。至治可期。雖神明且

感格。況殷民有不從化者哉。凡人之情。未曾見聖人

時。其心切切嚮慕。若不克見者。此乃好德之良心也。

然。既親見聖人。亦卻志氣惛惰。安於舊習。不克遵由

聖人之所行。蓋常人之情大抵如此。爾君陳嘗與周

公同朝。已親見聖人矣。今又繼其職。則其尚以此為

戒哉。蓋爾君陳居民之上。其鼓舞倡率惟如風。爾所

洽之下民。其觀望聽從惟如草。風行則草偃。上行則下效。此必然之理也。凡圖謀厥政事。無大無小。都兢兢業業。莫或不以艱難之心處之。且周公之政。其大體固不可易。而時異世殊。則有當廢。又有當興。不容不因時而爲之處置。但須出入反覆自爾師衆虞度其可否。以求至當。若衆庶之言論皆同。則又當自紬繹而深思之。然後見之施行可也。爾其有切於事之嘉謀。有合於道之嘉猷。則先入告爾后于內。一一敷陳。

無有隱匿。爾乃又不自以爲能。將順之于外。曰凡斯嘉謀斯嘉猷。有利於國。有益於民。都惟我后之盛德君主持裁斷於上。非臣下所能預也。此乃忠順之極至。是臣道之純美者也。嗚呼。若使爲臣人者。咸若時則惟其忠良之德。不失顯名哉。成王又呼而告之曰。君陳爾惟必斟酌變通。弘拓周公所遺之丕訓。使益光顯敷布於萬民。乃能繼周公以成治耳。無依權勢以作威虐。無倚公法以恣侵削。必寬厚而有節制。必從容以和之。而後政乂民安。周公之丕訓。於是乎弘矣。夫下都之殷民在刑辟（毘亦反）未經決斷。予曰可加刑辟也。爾惟勿從我意而加刑辟矣。予曰可赦宥也。爾惟亦勿隨我意而赦宥矣。須惟詳明法意。權其輕重以致厥中。則無濫及倖免之失。而爲用法之平也。若有習於强梗。弗肯若（順）于汝之政令者。又安於昏昧。弗能化于汝之教訓者。則不免加之以刑。然是刑辟一人而可以爲千萬人之戒。因以止罪。辟乃從而刑辟之可也。

(女九反)

又有狃昵于姦宄之事。不知悛改者。與夫毀敗綱常。壞亂風俗者。此三者其所犯。雖是細小。其關係甚重。不可赦宥之矣。爾之所治。無忿怒疾惡于其頑愚不聽訓化者。須是優游不迫。開導勸化。則無不可化之人矣。人各有能有不能。無求責全備于一夫。須是取其所長。舍其所短。則無不可用之人矣。輕躁之人。不足以圖事。必有堅忍之氣。其乃於事有濟也。淺狹之人。不足以畜衆。必有寬容之量。然後其德乃廣大也。

豈可忿疾於頑乎。如職業有修與不修。爾當簡別厥能修職業者。亦當簡別其或不能脩職業者。如行義有良與不良。爾進用厥民善者。以倡率其或不良善者。則人人都勉於與行矣。豈可求備於一夫乎。惟民受天地之中以生。其本然之性。原自淳厚。只因外物引誘。遂有爲其所遷而趨澆薄者。且民之常情。違上人之所命令。而從厥所喜好。如所令反其所好。則雖嚴刑峻罰。必不能驅之使從矣。爾君陳若克敬其君臣父子兄弟夫婦朋友之常典。而身實在其德。能謹其所好。是時乃百姓皆感發興起罔不變其澆薄以歸道於淳厚也。由是化行俗美。允能外于大猷之世而無復梗化之民也已。如此則惟予一人得以垂拱於上。膺受多福矣。其亦爾之休美也。終將俱有令辭於永世矣爾可不勉圖之哉。

顧命

十六日

史臣記惟成王在位三十七年四月哉生魄。成王感

疾而不懌（悅）至甲子日成王病勢愈重欲命群臣輔導
太子慎重其事乃力疾而起洮（音姚）盥頮（音悔）面於水左右扶
相之人被以袞冕之服然後憑玉几以發命焉乃同
召太保兼冢宰召公奭司徒芮（如稅反）伯宗伯彤（音仝）伯太師兼
司馬畢公司寇衛侯大傅兼司空毛公及宿衛之官
師氏虎臣百官之尹與諸御事之臣總至前聽命成
王曰嗚呼我之疾已大漸進惟幾（危）殆而未絕耳然病
日增臻旣彌甚而留連其勢已不可起矣恐一旦遂

死不獲出誓言以嗣續我志茲予所以及未死之時詳審發訓以命汝等汝等其專心聽之可也昔我先君文王武王相繼皆明其德以宣著其先後重疊之光輝其君德之盛如此故能奠定民所麗依以養之又陳列教條以開示之其政教如此則我周之民莫不服肄矣服肄而不違風聲遠被用克達於殷邦民心既歸天意斯屬遂集大命於我周矣我承在其後之侗（音同愚）也然亦常兢兢然致敬以迓天威不敢有一毫

怠忽之心。嗣守文王武王敬天勤民之大訓。無敢昏
昧逾越也。今天降疾於我身。殆將必死。弗能興起。弗
能醒悟矣。繼我而爲君者太子釗也。爾等尚明記時（是）
朕言語相與用敬愼保護元子釗。（音昭）左右維持。使能弘（大）
濟于艱難之業。而守丕基於不墜可也。汝必敬輔元
子柔遠（懷來）民而接引之。能近（馴擾）民而調習之。以盡夫撫萬
民之責焉。汝必敬輔元子。安寧勸導四方小大庶邦。
小者使之以得自立。大者使之不敢自肆。以盡夫御

諸侯之責焉。我思夫人之所以爲人者。肅恭收斂自
亂于其威儀。使一身之中有威可畏儀可象方能無
愧於爲人耳。爾必輔元子端其威儀之本。愼無以元
子釗冒貢于非禮之幾微也。於茲群臣既受顧命而
退還乃徹出其所設綴衣于庭中。越翼日乙丑成王
崩。太保召公奭奉成王遺命命仲桓南宮毛二近
臣俾爰齊侯呂伋以二具干戈虎賁之士百人往逆
太子釗于路寢南門之外。延入路寢翼室爲恤宅之

書經插解 卷八 顧命 七

宗主以示繼體之有人天位之已定也後三日丁卯召公將傳顧命於康王先命史官作冊書及受冊之法度後越七日癸酉成王既殯伯相召公命士（下士）須材（取）木以供喪事雜用於是命狄人設黼扆（斧文屏衣）於御坐之後又設綴衣於周圍悉如成王生存臨御之儀於路寢戶牖之間南嚮之處敷設三重篾（莫結反桃竹枝）席其席以黼（白黑）繒爲純（緣）設華（彩色）玉所飾之仍（因生時）几是成王平日朝見群臣之坐也又於西序東嚮之處敷設三重底（之履反蒲）席其席以綴（雜彩）繒

爲純設文貝所飾之仍几是成王平日聽事之坐也。又於東序西嚮之處敷設三重豐（筦）席其席以畫（彩色）繒爲純設彫（刻鏤）玉所飾之仍几是成王平日養國老饗群臣之坐也。又於路寢西邊夾室南嚮之處敷設三重筍（息允）（及竹）席其席以玄色之繒紛（雜）爲之純設漆飾之仍几是成王平日燕親屬之坐也。凡所設四席者不知神之所依於彼於此故并設之也。越列玉五重又陳各樣寶器如赤削之刀帝王之大訓寶也及弘（大）璧琬（紆晩反）琰（以丹文）圭（圭玉）也。

則陳列在西序。大玉夷玉(常)及天球(音求 鳴球)玉也。河圖寶也。則列在東序。胤(國)所制之舞衣及大貝(如車渠)鼖(音焚 長八尺)鼓。皆制作精巧備文事者。則陳列在西房。兌(徒外反 工人)所制之戈。和(工人)所制之弓。垂(共工)所制之竹矢。皆制作精巧備武事者。則陳列在東房。此皆先王世傳之器。亦成王平日所服御者。故設之以寓如存之感也。又陳設五輅。大輅(玉 音路)在賓(西)階。南面綴輅(金)在阼(東)階。南面先輅(木)在左塾(音孰)之前。北向與玉輅相對。次之者。象華二輅在右塾之前。北向與金輅相對此皆成王平日所乘者。故備設之。亦陳寶玉之意也。然儀物之陳。皆以西爲先者。以成王殯在西序。故也。將迎新王。故肅儀衛以備不虞。使武士二人戴雀（赤色）弁執惠（音使）（三隅矛）立于畢門之內。四人戴綦（音其）（文鹿子皮）弁執戈上向其刃。夾立於東西兩階之旁。近堂稜之戺（鉏里反）（堂隅）。每階二人。又大夫一人戴冕執劉（鉞屬）立于路寢之東廂堂。一人戴冕執鉞立于路寢之西廂堂。一人戴冕執戣（音逵）（戟屬）立于東序之垂（階上）。一人戴冕執瞿（戟屬）立于西序之垂。一人戴冕執銳（音兌）（矛）立于北邊之側階上。康王居憂於東室。故凡儀衛之陳。皆以東爲先也。儀物既陳。宿衛既備。乃迎嗣王。入受顧命。且有祭告之禮。故變凶服而用祭服。康王乃麻冕黼裳由賓階隮（牋西反。升）堂。蓋未受顧命。猶不敢以主道自居也。公卿大夫士及邦君皆麻冕蟻（玄色）裳。從王而升。各入即班位焉。太保受遺詔。太史奉冊。太宗伯相禮。三人皆服麻冕彤（纁）裳。純用吉服。太保承介（大）圭。以其爲天子之所守也。上宗奉同（爵名）與瑁（音冒）。以其爲祭祀朝覲之主

也。皆有主道焉。故由阼階隮。太史秉遺命冊書。以
其尊先王之命。故由賓階隮。遂御康王。以此冊命。
復口陳其意曰。皇后成王。當大漸之時。親憑玉几道
揚臨末之命。命汝嗣守文武之大訓。臨君我周之邦
家。然既居大位。汝須必率循先王之大卞。以燮和天
下之臣民。使皆相安相樂。無一人離心。能如是。則可
謂善繼善述。用慰答宣揚文武之光訓。而不負其啓
佑之意矣。先王之所望于汝者如此。可不勉哉。康王

再拜而興答曰。君道甚難。天命可畏。眇眇（彌小反 小）然予微末小子。其能循大法。致大和。而（如）我父祖之亂（治）四方以敬忌夫天之威命乎。益深以不勝爲懼也。乃受太宗伯所奉之同瑁。瑁則授之於人。同則用之以祭。康王乃三致肅敬宿（進）爵於神位之前。三祭酒於同中。三咤（陟駕反 奠）同。於神座。以告其已受顧命也。上宗伯乃傳神命曰。先王已歆饗矣。康王既行祭告之禮。以所奠之同爵授於太保。太保受同爵。然不敢用之以祭。遂降堂盥洗

其手更以所異之同爵秉持璋瓚以酢（疾各反報）祭因授宗人（小宗伯）
以同爵使代安神座遂拜以成禮告其已傳顧命則
康王以子道自處亦代尸答拜焉蓋太保以元老大
成受託孤重任故王答其拜所以致敬也時康王居
喪不可飲福故宗人酌酒於同以授太保太保乃代
王受同爵先祭酹酒於地然後舉酒而嚌（才詣反至齒）不甘其味
也於是退宅（居）其所立之位授宗人以同爵而下拜以
謝神賜康王又代尸答拜焉祭禮既畢太保降堂有

司收徹器用助祭之諸侯皆出廟門俟見新君與之更始焉

康王之誥

史臣記康王初立羣臣候見新君康王乃出在於應門之內於是太保召公爲西伯則率西方諸侯入應門左畢公爲東伯則率東方諸侯入應門右分領所屬敘立已定乃皆陳布乘之黃馬而朱其鬣以爲庭實諸侯之爲賓者又各稱所奉之圭兼以幣帛致詞

曰天子新卽大位羣臣禮定朝見我一二臣子在外爲王蕃衞者敢執其壤地所出之馬與幣以爲贄之儀致詞已畢乃皆相率再拜稽首而致敬盡禮焉是時康王已卽大位義嗣前人之德故亦答拜焉太保召公暨司徒芮伯與群臣咸前進相揖定位次又皆再拜稽首曰今王爲天子羣臣敢致敬進告於天子皇天厥棄殷紂無道遂一旦改革大邦殷之天命使之盡喪天下惟我周家文王武王二聖相承乃誕

受羑（音友）里出囚。始若之天命。然皆由文武克撫恤西土
之衆。使得其所。非偶然也。惟我新陟（外遐）之成王。以兢業
守之。公愛明威。畢協（盡合）賞罰之至當。未嘗徇一己之私
情。戡（音堪）立定厥功用。敷遺後人之休美。今王嗣位。其能
保守以敬之哉。敬之如何。治安之久。易有陵遲之漸。
必振飭戎務。張皇（大）六師之制。使器械嚴整。士氣精明。
足以讋服人心。鎮定天下。切無姑息廢弛。壞（音怪）我高祖
文武艱難寡得之基命也。康王若此曰。爾庶邦侯甸

男衛之諸侯。既有陳戒於我。惟予一人釗將亦有以報答於爾之誥詞。昔我先君文王武王有丕博均平之德。減薄稅斂。使天下都富足。人有罪惡。不得已而加刑。唯務德而不務咎罰。此心見之於外。則推行底(音止)於至極之處。存之於內。則兼盡而齊其誠信。內外充實。光輝發越。用昭明于天下。不可揜也。則亦有如熊羆之武士。與純一忠實不二心之賢臣。同心協力。相與輔佐。以保乂我周王之家邦。故文王武王用此

承受端正之命于上帝皇天亦用此訓厥道謂可以
君主天下而付畀以四方之大也夫先王文武既創
王業猶慮後人無以守之乃命封建侯國樹立藩屏
其意蓋在輔佐我後世爲子孫之人也今予一二同
姓伯父諸侯繼爾父爲臣尚胥暨顧念綏定爾先公
之臣服于我先王之道而事我以盡蕃衛之責雖爾
身奉職在外而乃心則須孜孜報國罔不常在王室
用此心奉上之恤勤厥若順不違無或不能輔佐以

遺我鞠（稚）子之羞（恥）。斯則顧綏之道盡而無愧先公矣。爾等可不勉哉。太保以下羣公既皆恭聽王報告之命已畢。乃皆相揖而趨出。王乃釋去冕服。反著喪服。蓋行即位吉禮畢。乃行居喪之禮也。

畢命

史臣記。惟康王即位之十有二年六月庚午朏（三日）（芳尾反）越其（五日）後三日壬申。康王於是日之朝。步自宗周至于豐親告於文王之廟。以成周下都之衆命畢公。往保釐（安理）此東郊下都之民。蓋殷民自周公君陳以來。雖向化已久。而餘風尚存。康王以此任命畢公。其責甚重矣。康王若此曰。嗚呼父師畢公。惟我周家文王武王敷布其大德于天下。用克受有殷之命。而創建大業。保守之道。在今日所當加意也。惟周公以王室懿親。累世輔政。左右先王。用能綏（安）定厥國家。保固王業。又加意謹毖（音秘）殷頑愚難化之民。區處防閑。極其周密。遷之于洛邑。使之密邇（近）王室。日聞我周家仁聲善政。親近我周家仁人君子。式化厥德義之訓。益自遷洛以至今日。撫摩馴習。既歷三紀十二年爲紀之久。當時之頑民老者盡。少者壯。世運已變更矣。然後染惡之民。悉化爲友順。而風俗翕然。其移易焉。如令殷民安。而四方俱安。天下太平。無復可憂虞之事。予一人以得垂拱安寧。斯豈一朝一夕之所致哉。抑亦化之之難也。益世道有日升而趨於治。有日降而趨於亂。故爲政者當由俗以爲變革矣。當今之政。旌別淑慝之時也。苟不藏

善　盛

厥臧則民罔攸勸慕矣惟畢公有懋大之德備道全美不但大節過人又克勤慎一言一動之小物細行絶無怠忽其德如此弼亮文武成王與朕之四世為之元老風采凝峻正色表儀於朝著之間以倡率群下故在群臣罔不祗敬師法之言蓋公聞望素孚勳業茂著其休嘉之績已多于先王之時不特今日為然也今予小子垂衣拱手以仰其治功之成而已然則保釐之任舍公其誰屬哉康王曰嗚呼父師畢公今予

就祖廟之中。祗行冊命。命公以周公化服殷民之事。

公其往。蒞東郊。而盡保釐之道哉。保釐東郊者。必當

善　惡

旌擧簡別爲淑者。與爲慝者也。能化其訓者。則旌表

厥居宅閭里。光彰爲善之人。以羞癉爲惡之人。卓然

多早反　病

樹立善人之風聲。聞者莫不興起矣。弗率訓典者。則

分殊厥井里疆界。不令與善人相混。俾之克畏懼爲

惡之禍。羨慕爲善之福。且王畿四方之本。其遠近疆

音其

界舊已規畫者。須又申明規畫郊圻之地也。封域之

內。其高深險阻。舊已守禦者。須又申謹慎堅固封域之守（舒究反）也。夫如此以康定四海之民矣。凡設施於政事者。必貴乎有恒。不可朝更夕改。則政立而民莫不遵從矣。宣布於辭令者。必尚乎體要。不可浮汎失實。則令出而民莫不聽信矣。尤當不惟作聰明。趨浮末好奇異之事矣。凡是治體之要務至戒也。商俗及之靡靡然相與隨順。利口捷給。惟為賢。雖以周公之聖。君陳之賢。治之。而習染餘風尚未殄絶。公其念此哉。我聞古人之言曰凡世享祿位之家為逸樂豢養之所移鮮有克由於禮教者既不由禮則心無所制遂以驕蕩陵蔑有德之人不知忌憚則實其悖逆天道甚矣由是敝壞風化為奢侈美麗之事無所不至蓋人不由於禮教則必流於奢侈此非特一時為然萬世世祿之家皆同此一流可深慨也今茲殷之庶士

藉

正是世祿之家其憑席前人之榮寵安享富貴其有自來惟舊矣夫人之私欲每與公義相為消長惟怙

恃其侈泰不知悛改必至絕滅義理義理既滅則無復羞惡之萌徒以服飾之美炫耀于人而身之不美則莫之恥也流而不止為驕為淫為矜為侉百邪並見將由罪惡以終焉反復化訓雖一旦少收其放逸之心然竟習染既深惡本尚在則防閑之其在今日猶惟艱公可不念哉且殷士不可不訓之也其資財富而能訓之則心不遷於外物惟可以全其性命之正而永久其年壽矣然所以訓之之法惟德惟義二

者而已。時乃天下之大訓也。然又必須稽攷古人德義之事。述爲訓戒也。若不由古以爲訓。則在我既無徵。而在人必不信矣。又于何其爲訓乎。康王曰。嗚呼。父師畢公。我周邦之安與危。專惟由於茲殷士之率服與不服。故我惓惓命公以化訓殷士者。以其關係之重耳。然化之之道。又貴得中。不剛而過於暴刻。不柔而流於姑息。則適得其中。將見殷士莫不感恩畏威厥德允其能修矣。邦其有不安乎。惟昔周公親自監殷民謹毖戒飭不敢少忽是克慎厥始也惟君陳繼周公之後從容和緩以導之是克和厥中也今既歷三紀世變風移惟在公又當剛柔互用使殷民感化以終二公保釐之功是克成厥終也乃我所期望於公者如此矣是三后繼治協合其心同底于治道將見其道無有不洽其政無有不洽矣由殷民以及四方德澤潤於生民而在四夷左衽（而甚反）之俗亦罔不咸仰賴中國之德澤實服恐後矣予小子得以永膺受多

福。公之功不亦為大哉。公其惟(是)時成周建立千萬年無窮之基業。將見勳德之盛。傳播後來。此亦有千萬年無窮之聲聞(音問)也。至於子孫有治民之責者。亦當(順)奉訓其所行之成式(法)。惟以乂治後來之民。不敢更變也。嗚呼。公今往東郊。罔曰殷民反側。自昔難治。我力弗克為也。惟當勉(盡)既厥心。無少退託。則業可成矣。又罔曰蕞爾殷民寡弱易制。畢竟不足為也。惟當敬慎厥事。無少輕忽。則功可立矣。總之公當(敬順)欽若先王之成烈。思所以繼述而保守之。以益加休美于二公之前政也。此在公今日之責。其尚盡心慎事以圖之哉。

君牙

史臣記。穆王命君牙爲大司徒。乃若此曰。嗚呼君牙（臣名）。惟乃（汝）祖乃父在我先王時。相繼爲司徒之官。世世篤厚於忠貞。以服役效勞於我王家。罔不竭力。厥有成績之美。紀載于太常之旗。迨今猶炳然如見也。惟予小子以眇躬。嗣守文武成康之遺緒。任大責重。亦惟（思）

有忠貞服勞。如我先王之臣克左右。予一人以亂（治）天下四方。然恐賢才難得。委任非人。則化理無成。大業將墜。故心之憂危。惴惴焉懼弗克勝。若蹈虎尾者。有噬齧之患。涉于春冰者。有陷溺之虞。我今命爾。仍祖父之舊。居司徒之官。以為予之輔翼。其職親重。視如一體。當為我作股肱心膂（音旅脊）也。然爾欲盡職。豈必他有取法哉。忠貞服勞。纘乃（汝）祖考舊服。行之事。無或墜失其先世之業。而忝辱於祖考也。汝為司徒。掌邦教。

則必弘敷布親義別序信五者典常之道使天下皆曉然率由於此式以和協民之彜則而不至於乖戾此乃教人之方也然立教之本又在於爾身爾身克正則民有所視效觀法而罔敢弗正表正則影直也民心或陷溺罔中正道理亦惟爾當端本澄源而率之以中正之道理源澄則流清也夫人之為道衣食已足而後禮讓可興夏而暑雨小民暴身露體在田畝之中則惟相與曰怨咨嗟冬而祁寒小民手足

肌膚。盡皆凍裂。則亦惟相與曰怨咨嗟。蓋厥生計惟亦艱難哉。為司徒者。宜時時思念其百姓之艱難困苦。以圖謀其所以為衣食之易（音異）者。事事都詳為之所。則民生乃見其康寧矣。爾君牙可不勉盡斯道哉。

嗚呼。丕（大）而光顯哉。此文王造區夏和萬民之謨（謀）猷也。又丕而善承哉。此武王一戎衣定天下之功烈也。以是開啓祐助我後人。事事咸以天理之正。而其大綱振舉。細目畢張。又罔一或缺者矣。今爾所居者乃祖乃父之職所治者。文武成康之民。惟必當敬明乃司徒之訓。用弼亮朕躬。奉若于先王之舊。以對揚文武謨烈垂裕之光命。使之愈益光大。而爾之忠貞世濟亦追配于前人可也。可不勉哉。穆王申命之若此曰。

君牙。今乃爲司徒。不必他有取法。但惟由先正之舊典而時遵守以爲法式焉可也。使爾能式舊典。則政教脩而民治。不能式舊典。則政教弛而民亂。凡民之治亂關係在茲。可不愼哉。若爾果能率乃祖考之攸

行不致失墜則四海之內雍熙樂利之化成而天下
汝君
乂安矣此昭顯乃辟之有致乂治也不亦美乎
俱永反

冏命

史臣記穆王命伯冏為太僕正乃若此曰伯冏惟予
臣名
一人弗克全于其君德乃繼嗣先人文武成康之後
居大君
宅此丕后之位祖宗累世之基業四方萬姓之安危
勅律反音黜
皆責在朕躬是以中心怵惕恒惟危厲至於中夜以
過
興不能安寢惟思免於厥咎愆以求無忝君人之道

耳。昔在我文王武王。以言其德。則聰而無不聞。明而
無不見。齊而嚴肅。聖而通達。既有天下之全德。而在
廷小大之臣。又咸懷忠貞良善之心。精白從事。當是
時。宜無待於近臣之助也。然其侍御僕從(才用反)常在左右
者。亦罔匪端方正直之人。以旦夕之間。薰陶涵養。承
弼厥辟。其得人如此。故一出入。一起居。都在規矩準
繩之中。罔有不欽。發一號。施一令。都合乎天理。當乎
人心。罔有不臧。君德日盛。治道日隆。由是下民皆祗

若順而萬邦咸底於休美矣。惟予一人資性無良。不能勉於爲善。實倚賴左右前後有位之賢士。各盡乃心。以匡輔其所不及。繩直愆過音九糾正謬差。格正其非辟之心。庶其可俾我克繼紹先王文武之遺烈也。今予命汝作大僕正之官。以正于汝所屬群僕侍御之臣。使各懋輔乃后汝君德。而交修予之所不逮焉。且爲正之職。當謹愼簡擇乃汝群僕侍御之僚屬。斷然無濫。以巧好於言詞令其顏色便僻毗連反匹亦反承奉姦側諂媚蠱惑君心壞亂國是者。其惟善人吉士。正大鯁直之君子。然後用之可也。夫僕從之臣。關係於君德者甚重。若僕臣是正直之君子。則厥爲君者。日親正士。日聞讜言。兢兢業業。而克正直矣。若僕臣是諛佞之小人。則厥后傲然自謂有聖人之德。於是快意恣情。無所不至。而日淪於邪僻矣。是可見后德之成。惟由於僕臣。其不德。亦惟由於僕臣。其職所關。甚重如此。爾愼無昵（尼爾反比）近憸邪小人。狗私引用。使之充備我耳目侍從之官。曰蠱愍聰明導迪君上以非先王祖宗之舊典此汝之所當深戒也爾今簡求侍御僕從若非以忠良正直之人爲其吉士反惟以交通貨賄營求進用之人爲其吉士而登用之若時（是）則布列左右者皆是小人必不肯引君於當道遂瘝（音關曠）廢厥匡弼之官而不舉矣惟爾大弗克祗厥辟（君）引用非人孤負委託惟予當治汝之辜不輕貸也可不戒哉穆王曰嗚呼凡我告爾之言爾其欽承之哉必當慎簡正直之人永遠匡弼乃（汝）

（君）（常）

后于國家之典彝法憲。不使小人在側變亂成法。盡惑上心乃爲盡職無忝也。

呂刑

史臣記。昔維呂侯爲大司寇。承穆王之命以訓刑。穆王享國在位五十年。其齡已百年則耄（音冒）（老而昏亂忽）以荒矣。猶以刑獄重事乃大加裁度（待洛反）作爲刑書以詰（起一反）治四方。呂侯傳穆王之命曰。若（發語）上古有遺訓傳聞鴻荒之世。渾厚敦龎。民俗無有不善者。至黃帝時蚩（充之反）尤惟始倡作暴

亂驅扇薰炙轉相延引及下平良之民皆化而爲惡
罔不爲寇爲賊凶横凌人如鴟（處脂反）鶚之惡以害人爲義
爲姦爲宄劫奪攘竊矯詐虔（其然反）劉曰以暴虐爲事穆王
推原禍亂之端如此以見上古不得已而用刑也苗
民做效蚩尤之暴弗用靈（善）道而制以刑罰乃惟作爲
五者暴虐之刑號曰常法以殺戮無辜之人爰（於）始淫（過）
爲劓（牛例反）鼻刵（而志反）耳椓（竹角反）竅黥（渠京反）面之法越茲麗法者必刑之又
牽連人衆鍛鍊成獄并制無罪之人罔爲差别於有

曲直之辭。一槩加之以刑。苗民淫刑流毒如此。此今日所當深戒也。當時之民。亦皆聞風興起。胥與漸染成習。化而爲惡。泯泯（音閔）然昏迷。棼棼（敷文反）亂然擾亂。凡百事爲。罔中心由于誠信。惟以反覆爲詛呪盟誓相欺相詐而已。當時虐政作威。衆庶被刑戮者。方心口嗟怨。告其無辜于上天。上帝俯監視苗民。罔有馨香之德行。而其刑戮所發聞。惟是腥穢而已。有苗之惡。上通於天如此。故天假手於有德之君而殄其世也。於是皇帝舜惻然哀矜衆庶被戮者之不辜受刑乃仰體天心報有苗虐民之罪以殺伐之威遏絶苗民竄其君分北其黨使無繼世在下國以貽民之害焉蓋有苗之惡天下共憤帝舜下爲民除虐上代天討罪此所以刑當其辜而萬世稱好生之德也當三苗昏虐民之得罪者無所告訴心中惶懼相與聽於神於是妖誕師巫之流肆爲邪說扇惑人心民神離亂邪正不分帝舜欲正人心息邪說乃命重氏黎氏脩明祀典（直容友）

禁絕尊卑上下地天之混雜通行。不許褻瀆祀典。已正罔復有假託鬼神降格禍福之邪說。然常道不明。則民情易惑也。乃當時群后之在上者。逮百官之在下者。又皆明明精白。以棐助常道。賞罰咸當。公道大明。雖鰥寡至微者。無有爲善不得自伸。而反葢蔽阻抑以得禍者矣。蓋人心不知常道。則冥昧怪異之說得以入之。惟常道既明。禍福顯著。人將求之明而不求之幽。語其常而不語其怪。自然邪說屏息。世道清明。此輔助常道所以爲正人心之本也。皇帝舜清白虛心。訪問下民以開其進言之路。但見百姓雖鰥寡至微者都歷歷有辭說于有苗之罪惡。帝舜於是以德爲威而不以虐爲威。惟天下惕然畏而決於爲善去惡矣。又以德爲明而不以察爲明。惟天下曉然明而皆知爲善去惡矣。帝舜以道化民。而民自化之如此則一於刑威伺察者抑末矣。然猶以一人不能獨理。乃命伯夷禹稷三后。同致憂恤之功于民。命伯夷

爲秩宗降布天地人之三典以折絶民之邪妄若失
禮
其禮則惟入刑焉是正民心也命伯禹爲司空平治
水土表主名識名山大川以定疆域是安民居也又
命后稷爲田正使頒降播種之法教民稼穡農殖嘉
厚
穀是厚民生也三后各掌一事其後皆有成功惟致
殷富于天下之民而無一人不得其所者不似有苗
時窮苦愁怨也民既富而可教矣又恐有不率教者
乃命皐陶爲士師之官防閑禁制百姓于刑之輕重

得中者。使之知所以撿其心。以教導之於祗(敬)德之地焉。當是時。但見帝舜恭己南面。有穆穆然和敬之容以君臨在上。伯夷禹稷諸臣。同寅協恭。有明明然精白之容以輔佐在下。君臣之德。積中發外。光輝照灼(明)于四方。是以四方百姓得於觀感者。亦皆興起罔不惟德之勤勉者。其治化之盛如此。但民之氣稟習俗。未必皆齊。故乃命皐陶爲士師。明于刑之輕重得中。率此以乂于民。因以棐輔其彝(常)性。此則刑罰之精華。

與苗民之無有馨香。而發聞惟腥者異矣。凡典獄之官。皆得其人。非但能訖法于權威顯赫之家而不爲勢屈。亦惟得訖法于豪富賄賂之人而不爲利誘。其心中常敬畏忌憚不敢怠忽。是以聽斷之閒。至精至當。罔有可擇之言語在己身。而其大公無私。惟克純乎天德。無毫髮不可舉以示人者矣。天德既在我。則我自作死生壽夭之元命。而配享在下也。夫天制福善禍淫之命於上。刑官司生殺予奪之權於下。虞廷用刑之極功。至於與天爲一。如此。是後世所當法也。

穆王勉諸侯敬刑。曰嗟夫爾等四方諸侯司政事典刑獄者。豈非爾惟作天牧民之人乎。仰體天心。以盡司牧之道可也。今爾當何所監視。豈非時伯夷播布刑罰之法以啓廸開導斯民者乎。其今爾當何所懲戒。惟時苗民也。蓋苗民倚勢作威。匪詳察于獄辭之所麗。又罔選擇吉良之人。使觀于五刑輕重之中。惟時庶貴者亂政以權威。富者奪法以貨賂。斷制五

刑以亂罰無辜被害之民呼天稱冤上帝不蠲(古絹反)其
所爲。遂降災咎于苗民。於是苗民無所辭于罪罰。乃
子孫殄滅絕厥世嗣。此其所當懲戒者也。穆王專告
同姓諸侯曰。嗚呼。凡我諸侯。其尚思念之哉。爾等有
尊而爲伯父伯兄仲叔。有卑而爲季弟幼子童孫。不
論尊卑長幼。皆當敬聽朕言。我今庶幾有格至之命
令以告於爾也。夫刑獄重事。當反覆詳審。今爾罔不
由以自慰於日加勤愼也。若一不勤而心不安則刑

必不當矣爾罔或以失刑悔戒於不勤也。雖追悔而
深戒之。然死者不可復生。斷者不可復續。其何益之
有。且刑獄非所恃以爲治也。天以是整齊于亂民。禁
姦戢暴。俾我爲一日之用而已。不是常常用之。故凡
人有罪有非是故終。當寬宥者。又惟有出於故終。當
誅戮者。都只在其所犯之人如何。不得容一毫私意。
迎
惟是至公至當。乃可以合天道而服人心。爾尙敬逆
上天之命以奉事我一人。不可以我之喜怒爲輕重。

若我雖欲畏刑此人爾勿輕易畏刑之我雖欲休宥

哉古通用

此人爾勿輕易休宥之惟當敬謹於五刑之中以輔

成我剛柔正直之三德夫如此豈但可以慰安汝心

哉我一人既有國家太平之慶天下兆民亦仰賴之

其共享安寧之福惟永久而不替矣爾其深念之哉

穆王曰吁皆來矣凡汝有邦有土之諸侯我告爾以

吉祥之刑是實足以助教化而安百姓也汝其聽之

在今之時爾等欲用此祥刑以安百姓何者所當選

擇得非理刑之人乎。何者所當敬慎。得非用刑之事乎。又何者所當審度。得非獄詞之所連及者乎。此三者能盡其心。則刑無不當。而民無不安矣。夫聽獄之法。是兩家爭訟。都造（七到反）在官。又辭與證。都具備者。乃與衆師獄官。共聽此麗於五刑之辭。若所聽五刑之辭。簡核情實。已皆孚信無可疑。乃正之于五刑。以議其（脩）罪。若五刑議罪之時。有詞與刑參差不簡核者。是刑（贖）有可疑者也。則正于五等之罰。而許其贖刑。不必加矣。若五罰議贖之時。猶有詞與罰參差不服應者。是罰有可疑者也。則正于五等之過而直赦之。罰亦不必加矣。然五過之弊疵（病）。由於典獄之官有徇私玩法者。其數有五。或惟畏權勢而不敢執法。謂之官。或惟報恩怨而不出於公。謂之反。或惟聽婦言。謂之內。或惟受賄賂。謂之貨。或惟聽干請。謂之來。此五者皆以私意出入人罪。是執法之人。先自壞法。情尤可惡。其罪惟與犯人均。其科不可輕恕也。爾等其必詳審精察。務盡其力以克之矣。又五刑不簡正於五罰。是五刑之中可疑者。有當寬赦之人。五罰不服正于五過。是五罰之中可疑者。有當寬赦之人。出入之間關係最重。汝其必詳審盡力以克之可也。如刑與罰簡核可孚信者有衆多。亦未可遽加之以刑罰。惟當就其容貌。而有加稽察也。若無情實可以簡核則當直赦之。不必聽矣。然疑獄難明私心易起。爾等掌刑之官。具當戰兢惕勵。嚴畏上天監臨之威。無敢有毫髮之不盡心可也。五刑之疑者。固有五罰以赦之。但罪有輕重。則罰有多寡。不可以不審也。如墨辟（刺額音辟）有疑而當赦者。其罰納金一百鍰（胡關反六兩）。以免本罪。必閱（視）實其情罪眞有可疑而後赦之。劓（割鼻）辟比墨刑爲重。有疑而當赦者。其罰惟倍。加倍至二百鍰。亦必閱實其情罪眞有可疑而後赦之。剕（刖足）辟比劓刑尤重。有疑而當赦者。其罰加倍而又有參差。至五百鍰。亦必閱實其情罪無輕赦也。宮（淫刑）辟比剕刑尤重。有疑而當赦者。其罰至六百鍰亦必閲實其情罪。無輕赦也。大辟（死刑）乃五刑之極重者。
有疑而當赦者。其罰至一千鍰。亦必閲實其情罪。眞
可赦而後赦之也。然此五罰之條欵。其閒又有不等。
墨罰之屬（類）。其條有千。劓罰之屬（類）。其條有千。剕罰之屬。
其條有五百。宮罰之屬。其條有三百。大辟之罰其屬
有二百。總計五刑之屬凡有三千。所謂正律也。但律
文有限。罪犯無窮。若律無正條。難以定罪者。又宜上
下比附其罪。觀其情罪相當。輕重適宜。然後斷之也。

然當比罪之時。識見未定。多有惑於人言。而妄爲比附者。必裁度可否。無聽僭差混亂之辭。亦有泥於古法而強爲比附者。必斟酌時宜。勿用今所不行之法。惟所精察。惟其法意。其當詳審反覆務以克之矣。庶幾五刑之用。各得其當耳。若罪在上等重刑。而其情適輕。當是以下刑服之。罪在下等輕刑。而其情適重。當是以上刑服之。不止用刑如此。卽輕重諸罰亦都斟酌損益。而有如權衡以求物之輕重。然此權一人之輕重者也。至於刑罰。固用於一世者。故世當開創之初。人心未定。則刑罰之用。皆宜從輕。世當衰亂之餘。人心不肅。則刑罰之用。皆宜從重。此權一世之輕重者也。或原情而定罪。或隨時而制宜。惟雖整齊畫一之中。反有參差非齊者。然究其歸。則皆合乎人情。宜乎世變。截然有倫序而不可亂。確然有體要而不可易者。豈徒任意以爲之哉。五刑之有罰贖。本薄示懲創。非至於死。但人重出贖。亦極于病矣。夫刑官乃民之司命。輕重出入。關係生死。故非口才辯佞之人。可以折斷獄訟。惟是溫良和易之人。方能折斷獄訟。輕重得宜。而罔非在於中也。然又當有聽斷之法。凡辭非情實。終必有差。故審察言辭于其差錯者。則眞情自見。又不可偏執。如始以爲非可從。終或又以爲惟有可從之理。要當常存此哀憫敬謹之心。以折斷獄訟也。如此。則情實無不得矣。既得其情。又不可獨任己見。乃明啓刑書法律。而與衆人胥占度。擬議其罪。使咸庶幾於中正之則而無所寬枉然後其當刑者刑之其當罰者罰之又其審度以盡其所克之矣。由是獄成於下而可以取孚信於人輸奏於上而可以取孚信於君。已是萬無一差。又不可自專。如其刑罰之詞於上奏之時必具備情節而勿有疎漏。若一人而犯兩罪則當有并其輕重兩刑奏之取裁於上也。蓋不惟致其精詳而又極其恭慎此所以爲祥刑也。穆王曰嗚呼。爾等其敬慎之哉。凡我典獄之官。侯伯同族異姓。都體我重刑之意。可也。蓋死者不可復生。刑者不可復贖。朕今言說之。猶多畏懼。況用之乎。朕所以兢兢然敬慎于刑罰。不敢輕忽也。雖不得已而用之。皆有哀矜仁厚之德。惟以用其刑。而非特刑以爲治也。今天之制刑。非以虐民。而所以相輔民之教化也。故典獄之官。能仰體天心。宥罪罰惡。以作上天之配。而在於下則可耳。然最明清于無證之單辭。使之無一毫敝汙。則姦不能欺。而曲直可判矣。今民之所以得亂者。罔不由典獄以中正之心。又聽斷獄之兩辭。各執一說以相證對者。汝等無或任意出入以爲私家饔槖之計于獄之兩辭矣。夫鬻獄得貨非可以爲寶。惟自府積辜功於己身。至於罪惡已極。天必報以庶般尤禍。永遠可畏者。惟是天罰也。非是天不以中道待人而偏罰之。惟人自在禍殃之命耳。使天罰不如是之極。則獄吏無所忌憚。恣意行私以爲虐政。庶民罔有令善之政在于天下耳。此天所以

聚 罪狀

必降之罰也。穆王曰嗚呼。若爾嗣世子孫。都有治民之責者。自今以往。亦當何所監視以爲法。非古之用刑以成德感孚于民所受之中。使之亦全其性者乎。我試爲爾等言之。其尚明聽之哉。我聞自古賢哲之人。如伯夷皐陶。都惟掌管刑法之官。有無疆之譽辭。至今稱頌之不已。是何故。

由

屬于其斷五極之刑。明清敬慎。咸得其中道也。此其所以有令聞無窮之慶。可謂祥刑矣。今爾諸侯受我王家之嘉師良民而治之必當監視于茲得中之祥刑一以古人爲法務使德澤流於當時名譽垂於後世斯可耳可不勉哉夫用祥刑以安百姓既深望於諸侯監祥刑以治嘉師又預告於來世其言懇切計慮深遠穆王之惓惓於刑獄眞莫所不用其情矣

文侯之命

史臣記平王立遷於東都嘉晉文侯有立己之功命（同姓 文侯字 大）爲方伯平王乃呼而命之若此曰父義和我不顯祖

文王武王皆克敬慎以明其德本之身心而達於政
治。光輝發越無遠弗至。其德昭著而升于上天敷布
而聞在下民惟時（是）上帝眷祐集厥大命于文王以有
天下我周家之基業。其來有自矣。當時守成繼體固
有成康以下諸君。亦惟老成先正之臣。如爾祖父等。
克左右扶助昭明以事厥辟（君）。越（於）君有小大謀猷罔不
率從宣布以光昭祖德安定國家。肆（故）我先祖諸君。得
以懷安在位。而享太平之福也。嗚呼閔（憐）予小子嗣位

之造乃為天所不愆有父死國破之禍。今周德既衰。殄其資用惠澤于下民。民心已離。邦本先撥。以致侮侵於戎狄。為我國家之害甚純矣。是我之所承者既與先祖異矣。即我朝廷御事之臣。亦罔或耆壽俊在厥服。使者予小子則又薄劣罔克。其何以濟此。多難所賴以輔之者。惟有望於在外之諸侯耳。曰爾諸侯在惟祖惟父之列者。其伊能憐恤朕躬乎。嗚呼。諸侯若能恤我。以先正之昭事先王者而有致績于汝一人則庶幾扶國祚於既衰、而我亦可以永綏（安）在厥位。如先祖矣。父義和。當國家多難之後、寡助之時、猶幸有汝克服勞王家、昭明乃顯祖（康叔）之功烈、益我家不造。國統已中絕矣。惟汝攘除戎難、興復王家、肇（始）儀刑文武之典章、用會合諸侯、迎立小子、紹續乃辟（汝君）之統緒、以追孝于爾之前文人（康叔）。而不忝其昭事先王之緒焉。且汝多所修完、扞（侯扞反）衛我于艱難之中。王室以再造。若汝之功、誠予之所嘉美者也。平王曰父義和。王室已安。汝其歸於晉國。撫視爾師衆。安寧爾邦家。我用賚（賜）爾秬鬯（黑黍鬯草）之酒一卣（音友中尊）。以供汝祖廟祭享之禮。又彤（音同赤）弓一張。彤矢百枝。盧（黑）弓一張。盧矢百枝。使汝得專征伐。又馬四匹。以供征伐之用。父義和往就國哉。當脩舉職業。懷柔遠人。能馴邇人。恩惠以康安小民。無或怠荒以自安寧。又必簡閱惠恤爾都。鄙之士馬人民。以壯國威。以固邦本。則德威宣著。勛業光明。用益成就爾之顯德矣。汝其勉之。

費誓

史臣記周公之子伯禽初封爲魯侯將征淮夷徐戎誓師於費地魯公乃曰嗟夫爾諸人無得喧譁都聽我之命徂（往者）茲已叛之淮夷今又乘我始封與徐戎結構並興爲寇故我不得不率師以伐之一夫戰莫先於治戎備爾等當善敹（連條反縫完）綴乃甲冑敿（舉夭反繫）帶乃干楯無敢有一物不精弔（音的至）者則自衛之具備矣預備乃弓矢鍛（都玩反淬）錬乃戈矛磨礪乃鋒刃無敢一器不善利者則攻人之

具備矣。今惟淫舍牿牛馬（大 止 闕校）於野外。爾居民必當杜閉
乃捕獸之機擭斂（胡化反 敜 乃結反 塞）塡乃陷獸之坑穽（疾郢反）無敢陷傷我所
牿之牛馬。若不預先除治以致所牿牛馬之傷害汝
則有常刑以加之。不敢輕宥也。且軍士部伍。不可不
嚴整軍中馬牛其有牝牡相引誘因而風狂奔走者。
有役使臣妾棄家逋逃者。其失主勿敢越過軍壘而
逐之。若有人得牛馬男女則當祇懼小心不敢藏匿。
必復還之我自商度爾所還之物。多寡輕重之數以

賞賚於汝矣。若乃不聽誓戒、亂部伍、越壘逐之、藏匿

不復、汝則有常刑以加之。不敢輕宥也。無敢寇盜搶

攘。或踰過垣牆、偷竊人馬牛、引誘人臣妾、此等其情

尤重。汝則有常刑以加之、不敢輕宥也。甲戌之日、我

惟將率衆往征徐戎之罪。盖徐戎尤近魯境、故先加

（音恥）（備）（去九反）

之兵。軍行則糧餉爲急。爾等當儲峙乃糗糧。無敢欠

缺不逮以誤軍機。如有不及汝主餽之人、則有大刑

國外曰郊郊外曰遂東郊留守故曰

以處死罪。決不赦宥也。魯人汝三郊三遂之民、當儲

三郊三遂 題旁

峙乃築牆楨幹之類。於甲戌進兵之日。我惟將乘隙修築城垣營壘。以防衝突之患。無敢怠惰不供。以誤我事。如有不供。汝則有無餘刑以加之。決不赦宥。但刑之非非殺耳。魯人汝三郊三遂之民。又當儲峙乃餱養馬牛之芻茭（芻俞叉音交）無敢缺少不多。以致使馬牛饑困。如有不多。汝則有大刑以處死罪。決不赦宥也。

秦誓

史臣記穆公悔己伐鄭之失。乃集群臣而告之曰嗟。

爾我士都聽我之言語無得喧譁予今誓告於汝以
羣言中之首者非迂遠之說也古人有言曰凡民之
情重於責人輕於責己訖（盡）皆自若是多盤（安）於徇己雖
有過差不肯受人之非責殊不知責人斯無難惟我
有過差能受人之責俾如水之流聞而即改無一毫
凝滯是惟艱哉我今乃知前日拒諫之非欲改其過
心之憂悔惟恐日月逾邁年齒已衰餘日若弗復云（語辭）
來不敢自安也惟古之謀人年老者則我非不知其

老成諳練。但以其每事堅執。曰未遷就予意。遂忌疾
疏遠之。而不用其謀。惟今之謀人。年少者。非不知其
新進粗脫。但以其每事順從。能與我意相合。姑（且）將以
爲親昵。而信用其計。以至於敗謀而失事。然既往之
過。雖則已云然。而將來之善。尚可改圖。自今以後。凡
國有大事。當猷詢（謀問）茲老成黃髮之人。與之商量可否。
則庶幾他日所行之事。亦可以罔所愆矣。豈敢自諱
其過。而不復爲自新之計哉。如番番（音波老貌）然衰老之良士

雖昔日旅力（膂同）既愆（過）去。而老成練達。計慮深長。可與謀國者。我尚得而有之以任用焉。若仡仡（魚乞反　勇貌）然武勇之夫。雖善於射御。不有違失。而智慮疎淺。多足以敗事（音使）我尚不欲用之。勇夫且不可用。況惟截截（才節反　辨給貌）然善為諞言之小人。顛倒是非。能俾君子變易其辭說。雖有直言正論。為之搖奪。最能敗壞國家。我何皇（遑同）多有之而任用焉哉。嘗昧昧（深潛）然我靜思之。夫用人之得失。繫國家之安危。不可不謹也。假如有一介（獨）之臣。斷斷（誠一貌）猗（語辭）誠實專一無他技（才）能但其心和平度量廣大休休（易直）焉其如心器之能有容受不可得而測度見人之有技能其心眞愛之若己自有之見人之彦聖（美通明）則其心深好之不啻如自其口中出而稱揚之是實能容受之非有勉強矯飾之意斯臣也我信任之可以保安我子（主）孫而黎民亦職有利益哉此其所以欲用老成之士也若見人之有技能乃冒（忌）妬疾害以惡之不肯稱揚見人之彦聖而百方阻違（背）之俾不得通達是實不能

容受之有驕吝褊狹之心我若誤用之以不能保安

我子孫而黎民亦曰岌岌乎危殆哉故我於截截巧

言之人不遑用之也凡邦家之杌隉（音兀）（音涅）不安不在乎他由

於一小人遂貽無窮之禍邦家之榮懷（安）亦不在乎他

尚由於一善人之慶以延乎無替矣夫一人善惡足

以係一國之安危如此然則番番良士其可以不用

而截截小人可以不去哉

書經插解卷八終

今利重信

五島　宮崎天壽　校

平田脩齡

江都　渡邊　糺　書

跋

余於經皆有欄外書。稍與注
說差。蓋訂誤匡繆。一歸公平。
然其課生徒。不欲濫示之。非
祕也。恐其生疑本注也。故必
先使之講明注意。注意分曉。
然後出此眎之。則始知其所

取舍也。尚書亦有是編。而生徒不許盡讀。壻興初其讀尚書。使之一依注說。與時解其意。一一插入數字以疏之。每一篇成。質之。余乃刪定。一書既完。可謂篤志矣。爾後諸生往往傳聞。請借覽之。則艱澀

古言化為平易果甚便也頃
者誠齋五島使君將棨之以
嘉惠士林興來請可否余亦
獎而可之然要惟讀經之津
筏也未得謂之登岸
弘化乙巳冬仲月上澣
一齋老人坦跋

河田八之助著

弘化三年丙午三月

發行書賈

京都寺町通松原下ル　勝村治右衛門

大坂心齋橋筋安堂寺町　秋田屋太右衛門

江戸日本橋南壹丁目　須原屋茂兵衛

同　通新石町　須原屋源助

同　淺草茅町二丁目　須原屋伊八

作者及版本

河田迪齋(一八〇六—一八五九),字猶興,通稱八之助,别號藻海等。「迪齋」的稱謂爲其晚年所改。農曆正月十五出生於讚歧國那珂郡金藏寺村(即現在四國的香川縣善通市)。文政三年(一八二〇)十五歲時,入小松藩儒近藤篤山學門,攻讀儒學。後入江户(東京)幕府,隨幕僚擔任翻譯等職。日美和親條約締結後,著有《墨夷應接録》六卷。當時迪齋親筆用漢文書寫的條約原件,收藏於美國國立文書館。

《書經插解》爲四孔線裝和式刻本。書高二十六厘米,共八册八卷。封面題簽爲「書經插解」,内封印有「弘化丙午季春刻成　書插解　成章館藏版」字様。正文前有《書插解序》《書經插解序》,以及《書集傳序》等三種序文。序文後有《書經插解發凡》,目録之後爲正文。第一册卷一從《虞書·堯典》始,到《皋陶謨》止。第二册卷二從《夏書·禹貢》始,到《甘誓》止。第三册卷三從《商書·湯誓》始,到《太甲》下止。第四册卷四從《咸有一德》始,到《微子説命》下止。第五册卷五從《周書·泰誓》上開始,到《金滕》爲止。第六册卷六從《大誥》始,到《洛誥》止。第七册卷七從《多士》始,到《周官》止。第八册卷八從《君陳》始,到《費誓》止。正文每頁八行,每行二十個字,字跡清晰,少有蟲蛀,便於閲覽。